観戦&プレーで役に立つ!

バドミントンのルール

審判の基本

［改定新版］

法人
日本バドミントン協会　監修

バドミントンのルールを正しく理解し より楽しいプレーや観戦に役立てよう

バドミントンを始めようという人、あるいはすでにバドミントンをプレーしている人にとって、ルールを正しく知っているかどうかは、プレーをするうえでとても大切な要素になる。ルールを知らないがゆえにマッチ（試合）で負けてしまうこともあるし、逆にルールを正確に知っていることでプレーの質が向上することもある。

本書では、プレーする人、審判員を目指す人、あるいは観戦する人のために、わかりやすくルールを解説している。バドミントンをより楽しむために、役立ててほしい。

本書の見方

項目

バドミントンのルール、基本テクニック、審判員に関する項目を表示

解説

ルールの詳細と適用、基本テクニックの解説など、ポイントをわかりやすく解説

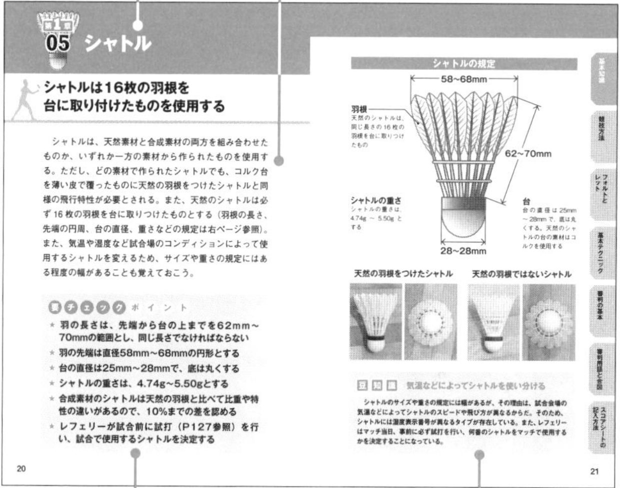

第1章

05 シャトル

シャトルは16枚の羽根を台に取り付けたものを使用する

シャトルは、天然素材と合成素材の両方を組み合わせたものか、いずれか一方の素材から作られたものを使用する。ただし、どの素材で作られたシャトルでも、コルク台を薄い皮で覆ったものに天然の羽根をつけたシャトルと同様の飛行特性が必要とされる。また、天然のシャトルは必ず16枚の羽根を台に取りつけたものとする（羽根の長さ、先端の円周、台の直径、重さなどの規定は右ページ参照）。また、気温や湿度など試合場のコンディションによって使用するシャトルを変えるため、サイズや重さの規定にはある程度の幅があることも覚えておこう。

要チェックポイント

- ★ 羽の長さは、先端から台の上までを62mm～70mmの範囲とし、同じ長さでなければならない
- ★ 羽の先端は直径58mm～68mmの円形とする
- ★ 台の直径は25mm～28mmで、底は丸くする
- ★ シャトルの重さは、4.74g～5.50gとする
- ★ 合成素材のシャトルは天然の羽根と比べて比重や特性の違いがあるので、10%までの差を認める
- ★ レフェリーが試合前に試打（P127参照）を行い、試合で使用するシャトルを決定する

20

シャトルの規定

天然の羽根をつけたシャトル　天然の羽根ではないシャトル

豆知識　気温などによってシャトルを使い分ける

シャトルのサイズや重さの規定には幅があるが、その理由は、試合会場の気温などによってシャトルのスピードや飛び方が異なるからだ。そのため、シャトルには温度表示番号が異なるタイプが存在している。また、レフェリーはマッチ当日、事前に必ず試打を行い、何番のシャトルをマッチで使用するかを決定することになっている。

基本知識　競技方法　フォルトとレット　基本テクニック　審判の基本　審判用語と合図　スコアシートの記入方法

21

要チェックポイント

それぞれのルールについての要点やポイントを、ひと目でわかるようにピックアップ

豆知識

ルールに関する豆知識を紹介。基本ルールとともに覚えておきたい

バドミントンの魅力

バドミントンは、日本人にとって身近なスポーツだ。おそらく多くの人が、子どもの頃に公園や広場でプレーした経験があるのではないだろうか。特にシャトルを後ろにそらしても遠くまで拾いにいかなくて済むという点は、手軽に遊べる理由の１つなのかもしれない。

ただし、本格的にプレーするとなれば、その魅力は随分と変わってくる。その１つが緩急。初速が 400km を超えるスマッシュもあれば、ヘアピンのようにシャトルがゆっくり宙に浮いた状態になることもある。そんな緩急を駆使したラリーは、バドミントンの大きな魅力の１つだ。また、シングルスとダブルスではそれぞれの特徴も異なり、その点もバドミントンの奥深さとなっている。

そんな魅力を持つバドミントンのルールはシンプルだ。それだけにルールへの理解がおろそかになりがちだが、本書を有効に使って、バドミントンを楽しんでほしい。

目次

第1章　基本知識

第2章　競技方法

第3章　フォルトとレット

第4章　基本テクニック

第1章

基本知識

第1章 01

バドミントンの基本用語

バドミントンのルールを覚える前に基本用語とその意味を理解しよう

バドミントンのマッチ（試合）では、コート中央に設置されたネットをはさみ、お互いがラケットを使ってシャトルを打ち合い、それによって得点および勝敗を競い合う。当然､マッチ（試合）にはさまざまなルールが存在するが、ここでは、バドミントンのルールを覚えるために必要な基本用語とその意味を、頭に入れておこう。

特に、バドミントンにおける試合のことは「マッチ」と呼び､「ゲーム」という用語は別の意味になるので、注意したい（P30 ～ 31 参照)。

サービス権を持つ方をサービングサイド、その反対側をレシービングサイドという

バドミントンの基本用語（定義）とその意味

プレーヤー	バドミントンをプレーするすべての人
マッチ	相対する２つのサイドにおいて、１人または２人のプレーヤーで行うバドミントンの試合のこと
シングルス	相対する２つのサイドにおいて、それぞれ１人のプレーヤーで行うマッチ（試合）
ダブルス	相対する２つのサイドにおいて、それぞれ２人のプレーヤーで行うマッチ（試合）
サービングサイド	サービス権を持っている方のサイド
レシービングサイド	サービングサイドの反対側のサイド
ラリー	サービスで始まったシャトルが、インプレーではなくなるまでのストロークの繰り返しのこと
ストローク	プレーヤーがシャトルを打とうとするときのラケットの動き

１人対１人で行うマッチ（試合）のことをシングルスという

２人対２人で行うマッチ（試合）のことをダブルスという

第1章

02 コートとライン

コートのそれぞれのラインの長さと各ラインの名称を確認しよう

バドミントンのマッチは、右の図のような長方形のコートで行われる。また、それぞれのラインの幅は40mmと決められており、ラインの色は見分けやすい白や黄色が望ましいとされている。ただし、ラインの色を白や黄色に限っているわけではないので、状況によって赤や緑といった他の色のラインを使用することも可能だ。なお、すべてのラインの長さは、ラインの幅（40mm）も含めての長さとなっているので、注意してほしい。

これらのコートの規定については、男女および年齢にかかわらず、すべてのマッチにおいて共通していることも覚えておこう。

要チェックポイント

- ★ **バドミントンのコートは、男女および年齢にかかわらず、すべてのマッチに共通している**
- ★ **シングルスとダブルス両用のコートではあるが、それぞれのマッチで使用エリアを使いわける（P16〜17参照）**
- ★ **ラインの幅は40mmと定められている**
- ★ **ラインの色は見分けやすい色とし、白や黄色が望ましいとされている**

シングルス・ダブルス両用のコート

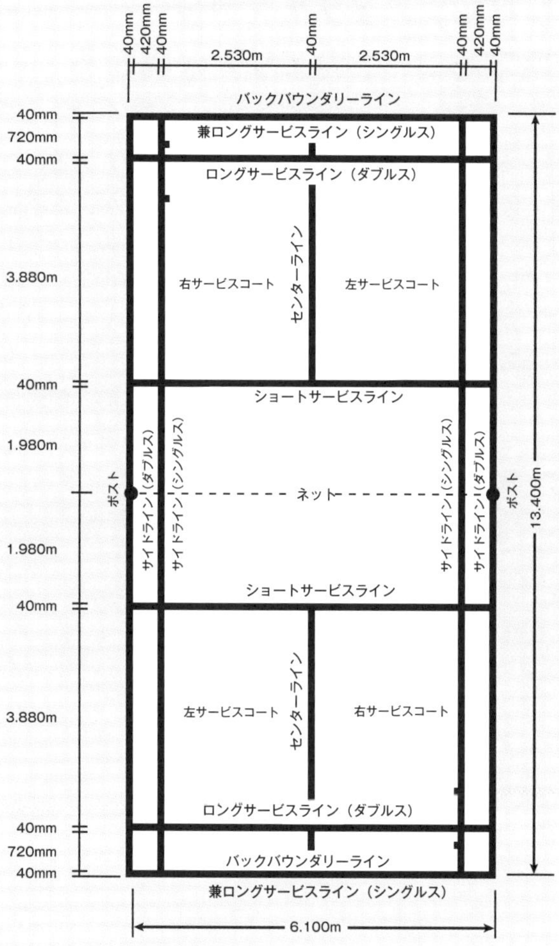

対角線の長さ　ダブルス　14.723m

第1章 03
シングルスとダブルスのコート

シングルスとダブルスでは使用するコートのエリアが異なる

バドミントンは、１人対１人で行うシングルスと、２人対２人で行うダブルス（１チームを男女のペアで構成して行うダブルスは、ミックスダブルスという）のマッチがあるが、それぞれの試合では、使用するコートのエリア（サイズ）が異なるので、右ページの図を確認してしっかり覚えておこう。

また、シングルスもダブルスも、サービス時の使用エリアと、ラリーが始まってからの使用エリアも異なっているので、注意してほしい。

シングルスとダブルスでは、それぞれ使用するコートのエリアが異なっている

シングルスの使用コート（エリア）

サービス時

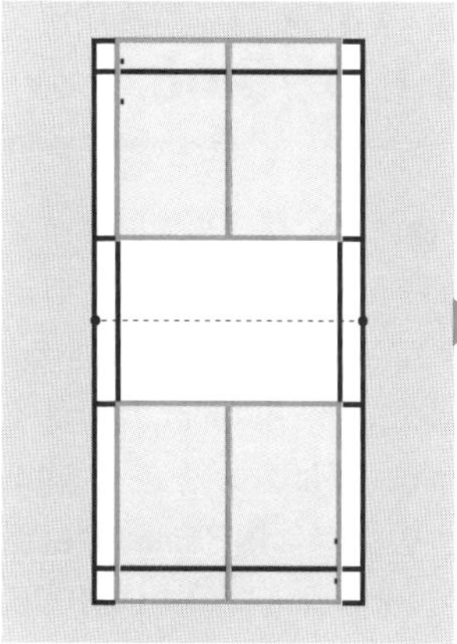

ラリーが始まった後

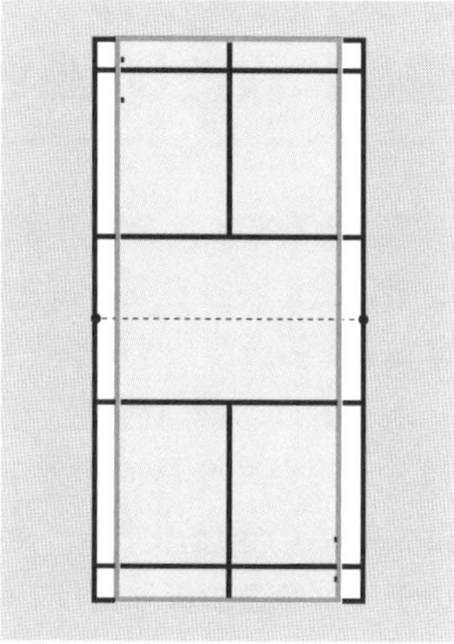

サービス時は左右どちらかのサービスコートに限定（P42 ～ 43 参照）

ダブルスの使用コート（エリア）

サービス時

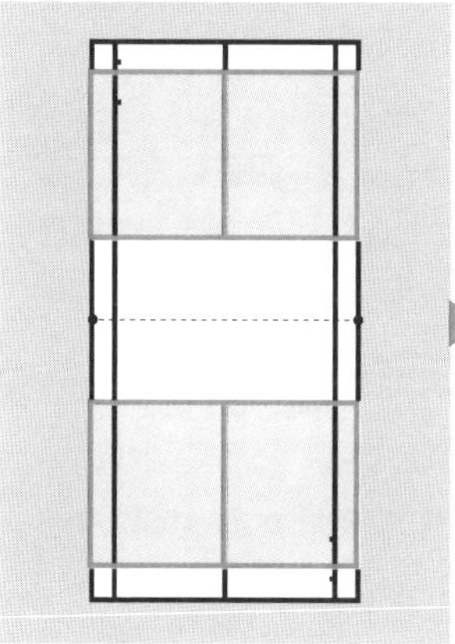

ラリーが始まった後

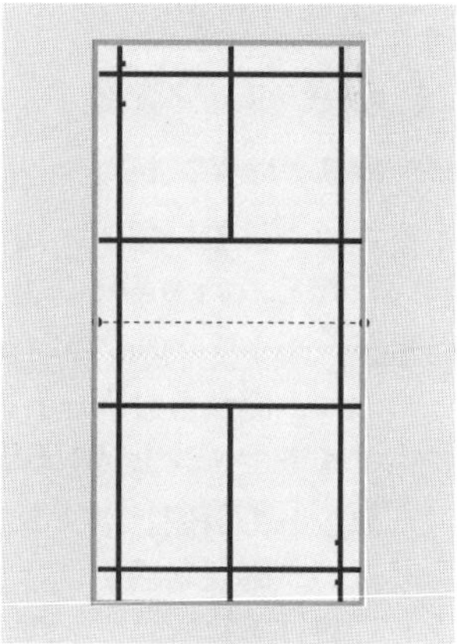

サービス時は左右どちらかのサービスコートに限定（P46 ～ 47 参照）

第1章

04 ポストとネット

ポストはダブルスのサイドライン上に垂直に設置し、高さは1.550mとする

ネットを支える２本のポストは、必ずダブルスのサイドライン上に設置する。高さはコート面から 1.550m とし、ネットを張ったときに垂直を保つことができるものとする。

ネットは、濃い色で、均等に 15mm ～ 20mm の網目で作られ、かつ全体の丈が 760mm、幅は少なくとも 6.1m はあるものを使用する。ネットの上縁は幅 75mm の白色のテープを２つ折りにして覆い、そのテープの中にコード（ひも）かケーブルを通すこと。ネットを張る際は、コート面の高さが中央で 1.524m、サイドライン上は 1.550m とし、中央を少し低くするために、たるませて設置することも覚えておこう。

要チェックポイント

- ★ **ポストはダブルスのサイドライン上に垂直に設置する**
- ★ **ネットは濃い色で、均等に15mm～20mmの網目で作られたもので、全体の丈が760mm、幅は少なくとも6.1mのものを使用**
- ★ **コート面からのネットの高さは、中央で1.524m、サイドライン上は1.550mとする**
- ★ **ネットの両側とポストの間にすき間があってはならない（必要な場合はネットの両側全部をポストに結び付ける）**

ポストを設置する位置

シングルスの試合でも、ポストは必ずダブルスのサイドライン上に設置する

ポストの高さ

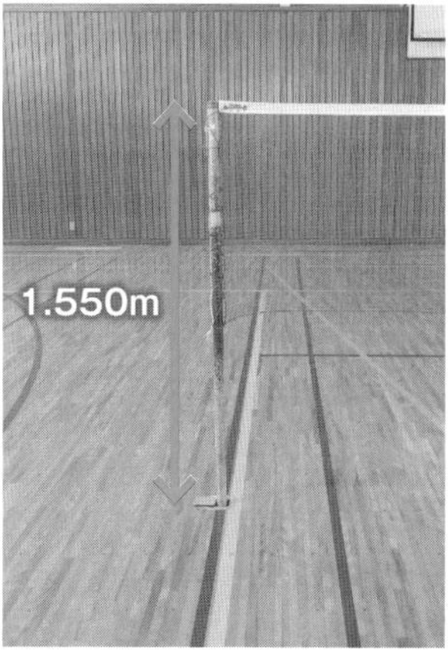

ポストの高さはコート面から1.550m。ネットを張った際に垂直になるように設置する

ネットのコート面からの高さ

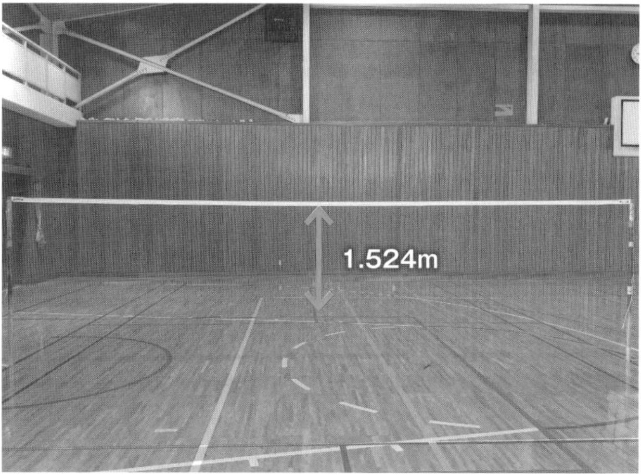

ネットの高さは、中央はコート面から1.524m、サイドライン上は1.550mとする

第1章

05 シャトル

シャトルは16枚の羽根を台に取りつけたものを使用する

シャトルは、天然素材と合成素材の両方を組み合わせたものか、いずれか一方の素材から作られたものを使用する。ただし、どの素材で作られたシャトルでも、コルク台を薄い皮で覆ったものに天然の羽根をつけたシャトルと同様の飛行特性が必要とされる。また、天然のシャトルは必ず16枚の羽根を台に取りつけたものとする（羽根の長さ、先端の円周、台の直径、重さなどの規定は右ページ参照）。また、気温や湿度など試合場のコンディションによって使用するシャトルを変えるため、サイズや重さの規定にはある程度の幅があることも覚えておこう。

要チェックポイント

★ 羽根の長さは、先端から台の上までを62mm～70mmの範囲とし、同じ長さでなければならない

★ 羽根の先端は直径58mm～68mmの円形とする

★ 台の直径は25mm～28mmで、底は丸くする

★ シャトルの重さは、4.74g～5.50gとする

★ 合成素材のシャトルは天然の羽根と比べて比重や特性の違いがあるので、10%までの差を認める

★ レフェリーが試合前に試打を行い、試合で使用するシャトルを決定する

シャトルの規定

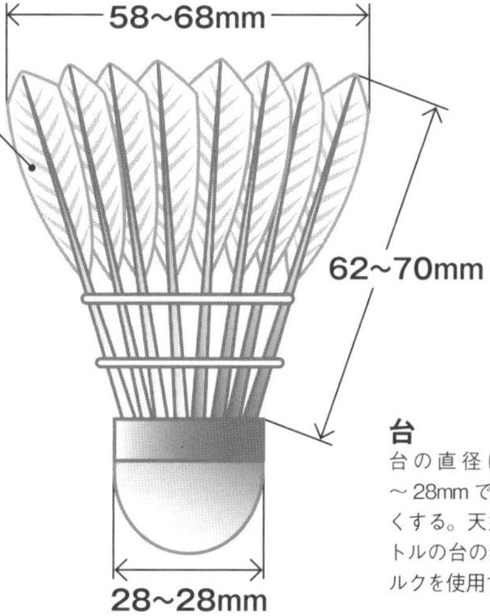

羽根
天然のシャトルは、同じ長さの16枚の羽根を台に取りつけたもの

シャトルの重さ
シャトルの重さは、4.74g ～ 5.50g とする

台
台の直径は25mm～28mmで、底は丸くする。天然のシャトルの台の素材はコルクを使用する

天然の羽根をつけたシャトル

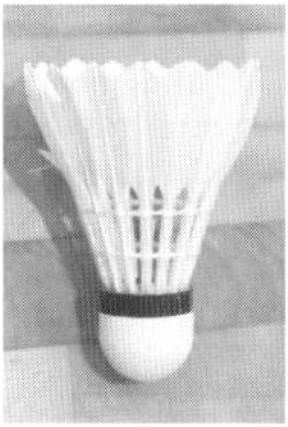

天然の羽根ではないシャトル

豆知識　気温などによってシャトルを使いわける

シャトルのサイズや重さの規定には幅があるが、その理由は、試合会場の気温などによってシャトルのスピードや飛び方が異なるからだ。そのため、シャトルには湿度表示番号が異なるタイプが存在している。また、レフェリーはマッチ当日、事前に必ず試打を行い、何番のシャトルをマッチで使用するかを決定することになっている。

第1章

06 ラケット

ラケットは、フレームの全長で680㎜以内、幅は230㎜以内

バドミントンのラケットは、下のイラストに示された名称の各部位（パーツ）によって構成され、ラケットのフレーム全体の長さが680mm以内、全体幅が230mm以内のものを使用すること（右ページの図を参照）。

また、ストリングド・エリアと呼ばれるシャトルを打つ部分は、全長（縦の長さ）が280㎜以内、幅が220㎜以内とされている。ただし、ストリングスを張って拡がったエリアの幅が35㎜以内で、ストリングド・エリア全体の縦の長さが330㎜以内という条件を満たしている場合は、ストリングスをスロート（シャフトとヘッドの連結部分）まで拡げて張ってもよいことになっている。

ラケットの各部位の名称

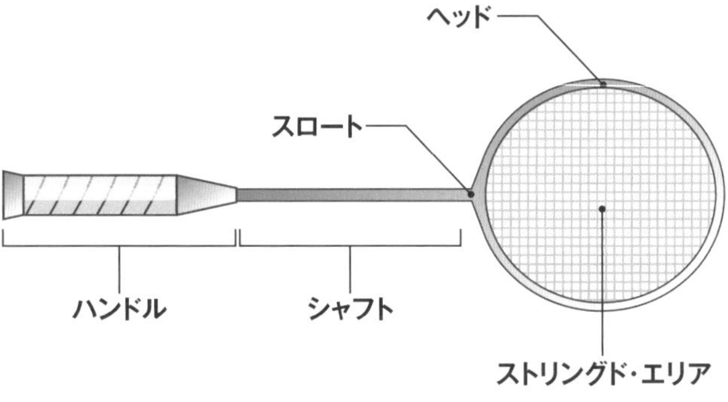

ラケットのサイズ規定

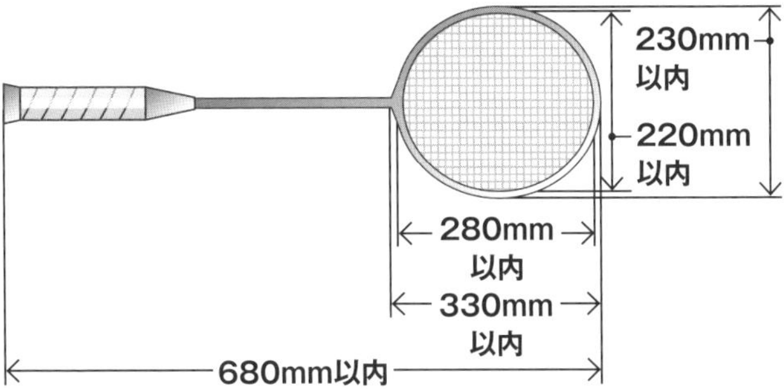

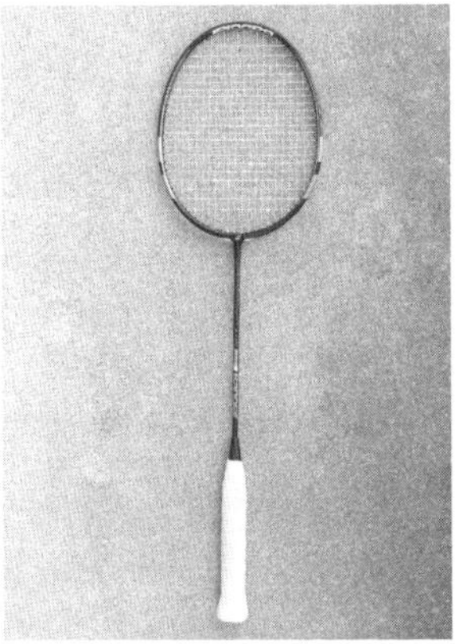

軽くてやわらかめのラケット

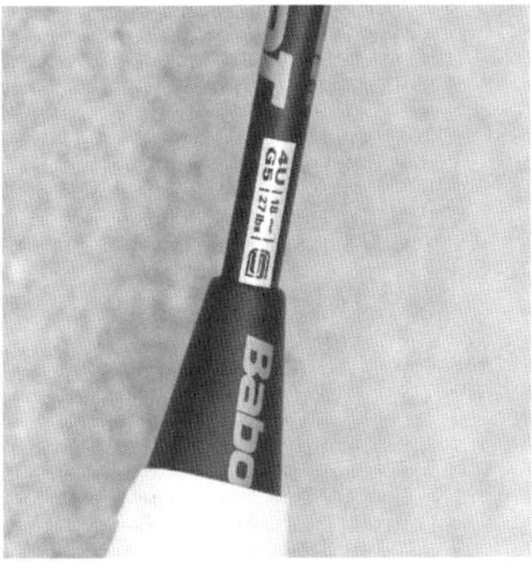

小学生など入門者などに向いているとされる

豆知識　自分に合ったラケットを探してみよう

ラケットには重さや素材の規定はなく、一般的に軽くてやわらかいラケットは入門者向けとされ、レベルが上がるにつれて好みの重さや硬さのラケットを選んで使用する傾向がある。通常ラケットの重さは「U」で、グリップの太さは「G」で表示され、たとえば「4UG5」と表示されている（それぞれ番号が小さいほど重く、太い）。お店で購入する際は、自分に適したラケットを探してほしい。

第1章

07 服装と用器具

プレーヤーの服装と用器具は規定に沿ったものを使うこと

大会などマッチを行う際は、プレーヤーの服装やマッチで使用する用器具は、規定に沿っていなければならない。たとえば、プレーヤーのウェアは審査合格品を着用することとされ、奇抜な柄のシャツなど、品位を損なうような服装は認められないので注意しよう。この点については、競技規則で細かな規定があるので、右ページで紹介する内容と合わせて、大会前に確認してほしい。

また、マッチで使用する得点表示装置や審判台なども審査対象となっていることも覚えておこう。

得点表示装置

マッチ中の得点を表示する装置は審査合格品を使用する

審判台

実際のマッチで主審が座る審判台も審査合格品を使用する

プレーヤーの服装と用具

ウェア
対戦相手や観客に不快感を与えないようなウェアを着用する。色や柄に決まりはないが、競技の品位を保つために（公財）日本バドミントン協会の審査合格品を着用すること（日本国内の場合）

文字の規定
ウェア（シャツ）の背面は3行までの文字列の表示と背番号の表示を認められている。文字列の各行の大きさは、高さ6cm～10cm、横30cm以内とし、各行にはプレーヤー名、チーム名、スポンサー名、都道府県名などを表示するが、異なる項目を同一行に表示してはならない。背番号は、文字列の下、中央部に表示し、縦15cm、1桁横7cm程度、2桁以内とする

ウェアの前面
ウェアの前面は、1行までの文字列の表示と前番号の表示が認められている。文字列の大きさは、高さ6cm～10cm、横30cm以内とし、チーム名またはスポンサー名のいずれかを表示できる。前番号はウェア前面の胸下に背番号と同一番号をつけるものとする。大きさは縦8cm、1桁横4cm程度とし、2桁以内とする

ロゴなど
ウェアには、左右襟、左右袖、ウェア前面の5ヶ所に3つまで、スポンサーロゴ、チーム名、プレーヤー名を表示することができる。ただし、1ヶ所に表示できるものは1つまでとする。また、1つのロゴの大きさは20㎠以内、上記3つのうち1つは50㎠以内でも可とし（メーカーロゴを除く）、メーカーロゴはその数に入れない

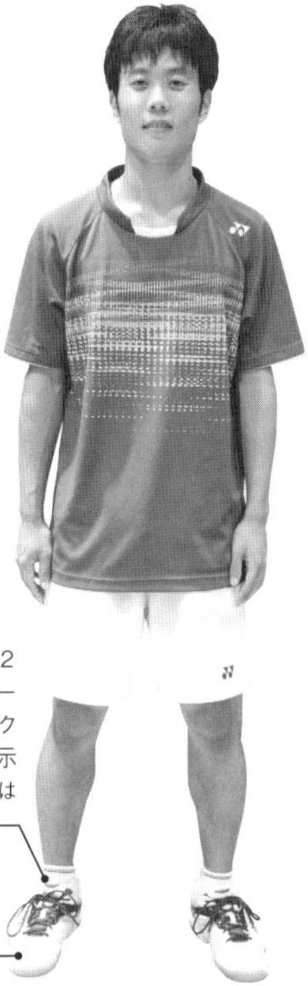

ソックス
左右各1つ（計2つ）まで広告（メーカーロゴやマークを含む）を表示できる。大きさは20㎠以内

シューズ
審査合格品とする。床を傷つけにくく、怪我をしにくいようなシューズが好ましいとされ、そのために審査が行われている

その他
ショートパンツ、スカート、ワンピースの前面に2つまでのスポンサーロゴ、チーム名、プレーヤー名、背番号と同一の番号を表示することができる。1つのロゴの大きさは20㎠以内とし、メーカーロゴはその数に入れない。なお、ラインテープを使用する場合、検定合格品を使うこと

第1章

08 審判員

審判員は、主審、サービスジャッジ、線審によって構成されている

バドミントンの審判員は、主審（アンパイア）、サービスジャッジ、線審によって構成される。それぞれの主な役割は右ページを参照してほしい。また、各人数は、主審1人、サービスジャッジ1人、線審10人で構成する最大12人としているが、状況によっては6人、4人というふうに少ない人数で構成することも認められている（審判員それぞれのポジションについてはP128～129を参照）。

なお、大会にかかわる全般を総括的に管理する人をレフェリー（競技役員長）と呼ぶことも覚えておこう。

要チェックポイント

★ 主審（アンパイア）は、マッチ、コート、その周辺の直接関係するものを管理する

★ 審判員は最大12人で構成するが、状況によって6人など少ない人数で構成することも認められている

★ サービスジャッジは、サーバーによってサービスフォルトがなされたとき、それをコールする

★ 線審は、自分の担当ラインについてシャトルが「イン」か「アウト」かを判定する

★ レフェリー（競技役員長）は、大会にかかわる全般を総括的に管理運営する

主審（アンパイア）

- 試合、コート、その周辺の直接関係するものを管理する。主審にはレフェリー（競技役員長）への報告の義務がある
- 競技規則に従って執行し、「フォルト」または「レット」が起きたときにコールする
- 審判員の判定は、各審判員の判定を最終のものとするが、主審は線審が明らかに間違ったコールをしたと確信した場合、線審の判定を変更できる
- 次のサービスがなされる前に出された疑問点に関する訴えについて決定する
- 試合の進行をプレーヤーと観客に、確実に知らせる

※その他、主審の役割については
第５章を参照

サービスジャッジ

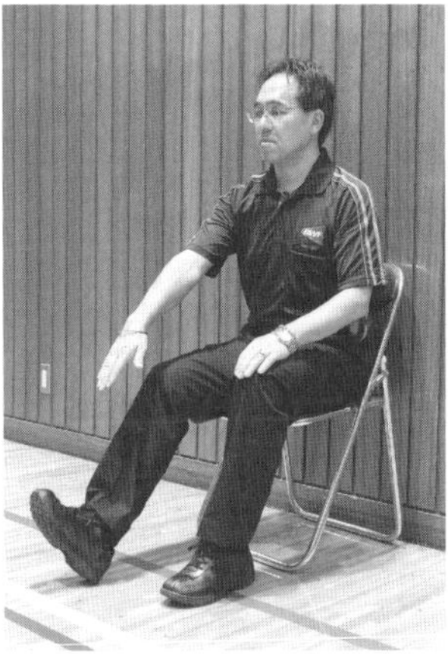

サーバーによってサービスフォルトがなされたとき、それをコールする

線審

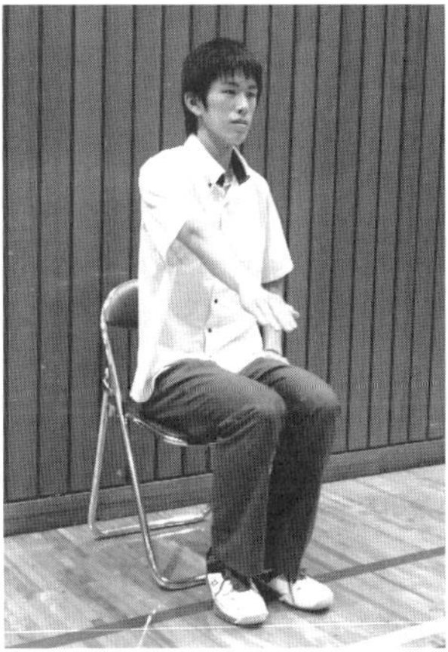

自分の担当ラインについてシャトルが「イン」か「アウト」かを判定する

第1章

09 スコアリングシステム

21ポイント3ゲームマッチで行われ2ゲームを先取した方が勝者となる

マッチは、例外を除き、21 ポイント３ゲームマッチで行い、21 点を先取したサイド（プレーヤーもしくはペア）がそのゲームの勝者となる。また、20 点対 20 点で並んだ場合は、先に２点差をつけたサイドがそのゲームの勝者となるが、２点差がつかない場合は 30 点目を得点したサイドがそのゲームの勝者となる。２ゲームを先取したサイドがそのマッチの勝者となるが、両サイドが１ゲームずつ勝利して並んだ場合は、第３ゲームで勝敗を決める。

要チェックポイント

- ★ **マッチは２ゲーム先取の３ゲームマッチで行う**
- ★ **ゲームで21点を先取したサイドが、そのゲームの勝者となる**
- ★ **ラリーに勝ったサイドが得点する（つまり、相手のサイドがフォルトをしたり、シャトルが相手のコート内に落ちてインプレーでなくなったりした場合）**
- ★ **スコアが20点対20点で並んだ場合は、その後、最初に２点リードしたサイドがそのゲームの勝者となる**
- ★ **スコアが29点対29点で並んだ場合は、30点目を得点したサイドがそのゲームでの勝者となる**
- ★ **ゲームに勝ったサイドが次のゲームで最初にサービスをする**

主審によるスコア（得点）のコール

スコア	コール
0 －Love	ラブ
1 －One	ワン
2 －Two	トゥー
3 －Three	スリー
4 －Four	フォー
5 －Five	ファイブ
6 －Six	シックス
7 －Seven	セブン
8 －Eight	エイト
9 －Nine	ナイン
10－Ten	テン
11－Eleven	イレブン
12－Twelve	トゥエルブ
13－Thirteen	サーティーン
14－Fourteen	フォーティーン
15－Fifteen	フィフティーン
16－Sixteen	シックスティーン
17－Seventeen	セブンティーン
18－Eighteen	エイティーン
19－Nineteen	ナインティーン
20－Twenty	トゥエンティ
21－Twenty one	トゥエンティ・ワン
22－Twenty two	トゥエンティ・トゥー
23－Twenty three	トゥエンティ・スリー
24－Twenty four	トゥエンティ・フォー
25－Twenty five	トゥエンティ・ファイブ
26－Twenty six	トゥエンティ・シックス
27－Twenty seven	トゥエンティ・セブン
28－Twenty eight	トゥエンティ・エイト
29－Twenty nine	トゥエンティ・ナイン
30－Thirty	サーティ

マッチは21ポイント3ゲームマッチで行われ、2ゲームを先取したサイドが勝者となる

第1章 10

その他のスコアリングシステム

21ポイント1ゲームマッチか15ポイント3ゲームもある

マッチは、基本的に21ポイント3ゲームマッチで行うことになっているが、スケジュール的な問題でどうしてもマッチ時間を短縮しなければならない場合など、例外としてその他のスコアリングシステムが2パターンだけ認められている。ひとつは21ポイント1ゲームマッチ、もうひとつが2ゲーム先取の15ポイント3ゲームマッチだ。

2ゲーム先取の15ポイント3ゲームマッチは、スコアが14点対14点となったときは、その後、先に2点差をつけたサイドがそのゲームの勝者となり、20点対20点となったときは、21点目を得点したサイドが勝者となる。

要チェックポイント

- ★ **前もって決めれば、①21ポイント1ゲームマッチか、②15ポイント3ゲームマッチで行うことが認められる**
- ★ **②の場合、15点を先取したサイドが勝者となる**
- ★ **②の場合、2ゲームを先取したサイドが勝者となる**
- ★ **②の場合、14点対14点で並んだときは、その後、最初に2点リードしたサイドがそのゲームの勝者となる**
- ★ **②の場合、20点対20点で並んだ場合は、21点目を得点したサイドがそのゲームでの勝者となる**

第1章

11 マッチ全体の流れ

スコアリングシステムを理解したら次にマッチ全体の流れを覚えよう

　マッチ全体としては、基本的に下のような流れで進行するので、頭に入れておいてほしい(エンドの交替とインターバルについてはP55参照)。

マッチ全体の流れ

第1ゲーム

どちらかが11点に到達
↓
1分以内のインターバル（希望があれば）
↓
①どちらかが21点先取
②どちらかが20点対20点後に2点リード
③29点対29点後、どちらかが30点目に到達

↓ **2分以内のインターバルとエンドの交替**

第2ゲーム

どちらかが11点に到達
↓
1分以内のインターバル（希望があれば）
↓
①どちらかが21点先取
②どちらかが20点対20点後に2点リード
③29点対29点後、どちらかが30点目に到達

↓ **どちらかのサイドが2ゲーム連続で勝利した場合は「マッチ終了」**
お互い1ゲームずつ勝利した場合は2分以内のインターバルとエンドの交替

第3ゲーム

どちらかが11点に到達
↓
1分以内のインターバルとエンドの交替
↓
①どちらかが21点先取
②どちらかが20点対20点後に2点リード
③29点対29点後、どちらかが30点目に到達

第1章

12 インプレー

サービスが行われてからラリーが続いている間をインプレーという

バドミントンでは、サービスが行われてからラリーが続いている間のことを、インプレーという。これに対して、インプレーではないときには、①シャトルがネットやポストに当って打者側のコート面に向って落ち始めたとき、②シャトルがコート面に触れたとき、③主審が「フォルト」か「レット」をコールしたとき、の３つのケースがある。また、ライン付近のコート面にシャトルが触れた（落ちた）場合は、シャトルがラインの内と外にあるかで「フォルト」かどうかが決まるので、覚えておいてほしい。

シャトルがコート面に触れた時点で、インプレーではなくなる

インプレーではない例①

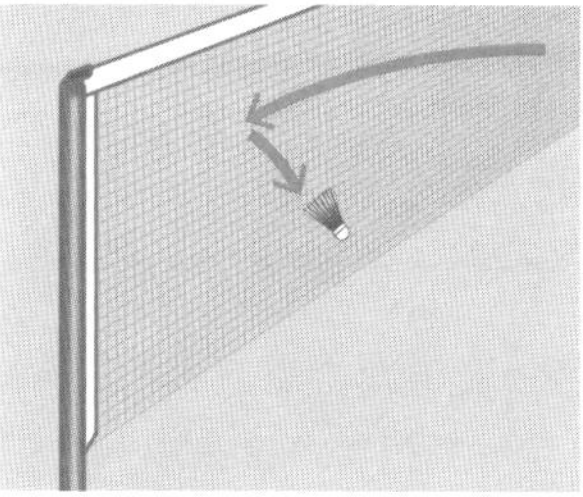

シャトルがネットやポストに当って、打者側のコート面に向って落ち始めた時点で、インプレーではなくなる

インプレーではない例②

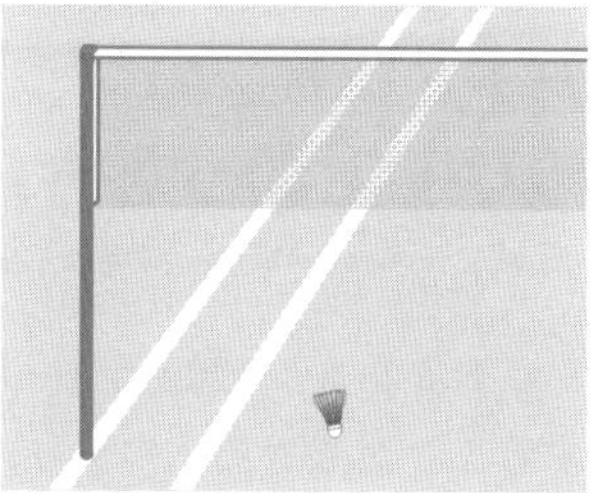

シャトルが落下してコート面に触れた時点で、インプレーではなくなる

シャトルがライン付近のコート面に触れた場合

○ シャトルがラインの内側に落下

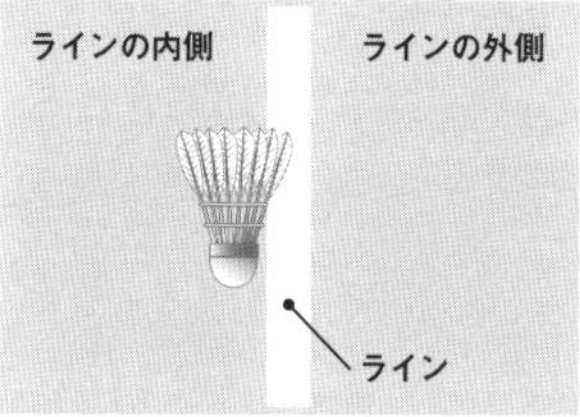

シャトルがラインの内側のコート面に触れたので打った側の得点となる

○ シャトルがライン上に落下

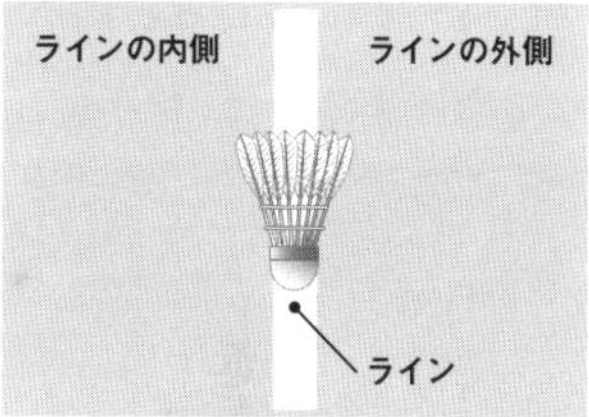

シャトルの接地面がラインに触れているので打った側の得点となる

× シャトルがラインの外側に落下

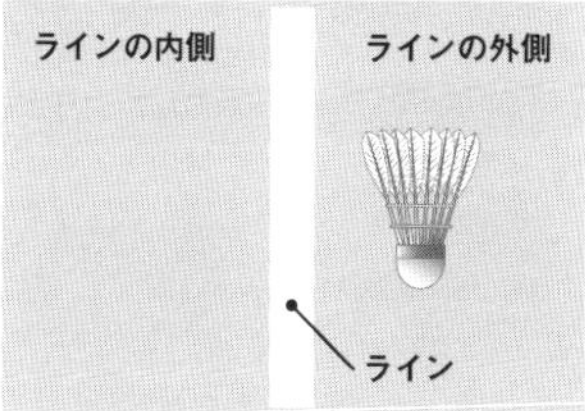

シャトルがラインの外側のコート面に触れたので打った側の「フォルト」となる

第1章

13 得点方法

バトミントンのマッチでは
ラリーに勝った方が得点できる

バドミントンでは、ラリーに勝った方が得点（ポイント）することができる。つまり、ラリーで相手がフォルトをした場合、あるいはシャトルが相手のコート内に落ちてインプレーでなくなった場合は、自分（シングルス）または自分のペア（ダブルス）側に1得点（ポイント）が加算される。反対に、ラリーで自分（シングルスおよびダブルス）またはパートナー（ダブルス）がフォルトをした場合、あるいはシャトルが自分側のコート内に落ちてインプレーでなくなった場合は、相手に1得点（ポイント）が加算される。

バドミントンでは、ラリーに勝った側に1得点（ポイント）が加算される

14 マッチの終了

マッチが終了したら、相手や審判員と握手をかわして気持ちよく退場しよう

マッチは、どちらかのプレーヤーまたはペアが２ゲームを先取した時点で終了する。そして、主審が「ゲーム」というマッチの終わりを告げるコールを行った後に、プレーヤーは相手プレーヤーや主審など審判員たちと握手を行うことが慣例となっている。最後に、たとえばシングルスの試合の場合、主審が「マッチ・ワンバイ・○○（勝ったプレーヤーの名前）、トゥエンティ・ワン　イレブン（21対11）」という勝者とスコアを告げるコールを行って、マッチは完全に終了する。

マッチ終了後は、フェアプレーの精神を忘れずに相手プレーヤーや審判員と握手をしよう

column

1

バドミントン誕生のルーツと英国バドミントン協会の設立

バドミントンのルーツには諸説あり、どれが正解かはわかっていない。ただ、有力とされているのが19世紀に英国で流行していた「バトルドアー・アンド・シャトルコック」だ。これは、現在のバドミントン地方にあるサマーセット家の宮殿内で当時の人々が楽しんでいた羽根つき遊びの呼称で、後にある商人がこの遊びを「バドミントン・バトルドアー」と名づけたことがきっかけとなり、次第に人々がその遊びを「バドミントン」と略して呼ぶようになったとされる。

そして1893年、各クラブ、あるいはインドのプーナ地方など、当時さまざま存在していたルールを統一すべく、バドミントン愛好家による会議が開かれ英国のバドミントン協会（バドミントン・アソシエーション）を設立。以降、この競技を「アソシエーション・バドミントン」という正式名称で呼ぶようになったが、人々はこの正式名称を再び略して呼ぶようになり、現在の「バドミントン」という名称に至っている。

第2章

競技方法

第2章

01 マッチ開始前（トス）

トスに勝った方がサービスかレシーブ、またはエンドを選ぶことができる

マッチの開始前にはトスが行われる。トスは、主審がどちらのサイドがコインのどちらの面かを決めてからコインを投げ、勝ったサイド（表となった面の方）が、①最初にサービスをするかレシーブをするか、②マッチ開始のときコートのどちらのエンドを選ぶか、という２つの選択肢からどちらかを選ぶ。従って、たとえば勝ったサイドが①のサービスを選択した場合は、負けたサイドはどちらのエンドにするのかを決めることになる。その他、コインではなく、じゃんけんで決める場合もある。

トスによってエンドが決まったら、プレーヤーはそれぞれのエンドに移動して決められた時間内で練習を行い、その後、主審のコールによってマッチが開始される。

要チェックポイント

- ★ **トスに勝ったサイドが、①最初にサービスをするか、レシーブをするか、②マッチ開始時にコートのどちらのエンドを選ぶか、を選択する**
- ★ **トスに負けたサイドは、残りを選ぶ**
- ★ **トスが終わったら、プレーヤーは自分のエンドに移動して、決められた時間内の練習を行える**
- ★ **主審は、開始準備が整ったと判断した後に、マッチ開始を告げるコールを行い、マッチを開始する**

コインによるトスの流れ

主審がどちらのサイドがどちらの面かを決める

主審がコインを投げる

コインのどちらの面が表になったかが決定する

トスに勝ったサイドが以下のどちらかを選択

↓

①最初にサービスをするか、レシーブをするか

②マッチ開始のとき、コートのどちらかのエンドを選ぶ

↓

トスに負けたサイドは、残りを選ぶ

※たとえば、勝ったサイドがレシーブを選択したら、負けたサイドはコートのエンドを選ぶ。その後、トスに負けたサイドのサービスによってマッチ開始

主審のコール

開始準備が整ったら、主審はマッチの開始を告げるコールを行う（以下はシングルスの場合）

「レイディース　アンド　ジェントルメン」

「オンマイライト○○（プレーヤーの名前）、●●（チーム名）、オンマイレフト△△（プレーヤーの名前）、▲▲（チーム名）」

（主審の右側のサイドから、右、左と示して紹介する）

第2章

02 正しいサービスの方法

サービスは、シャトル全体がサーバーのウエストより下の位置で打つ必要がある

サービス時のフォルト（反則）については第３章（P58～61）で詳しく紹介するので、ここでは正しいサービスの方法を頭に入れておいてほしい。

特に注意したいのは、サーバーもレシーバーも、サービスの開始から終了まで、両足の一部を動かしたり（移動）、完全に浮かせたりしてはいけないという点だ。また、サーバーのラケットで打たれる瞬間に、必ずシャトル全体がコート面（床）から1.15m以下に位置する状態で行わなければならない点も、覚えておいてほしい。

要チェックポイント

- ★ **サーバーおよびレシーバーは、斜めに向かい合ったサービスコート内で、サービスコートの境界線（ライン）に触れずに立つ**
- ★ **サーバーおよびレシーバーの両足の一部分は、サービス開始から終了まで、その位置でコート面に接していなければならない**
- ★ **ラケットで最初にシャトルの台を打つものとする**
- ★ **サーバーのラケットで打たれる瞬間に、シャトル全体がコート面（床）から1.15m以下に位置しなければならない（その際、ラケットヘッドおよびシャフトの向きは問われない）**

サービス時の主な注意点

サービス時のポジション

サーバーとレシーバーは、斜めに向かい合ったサービスコート内で、サービスコートの境界線（ライン）に触れない状態で立つこと（下の図はシングルスの例）

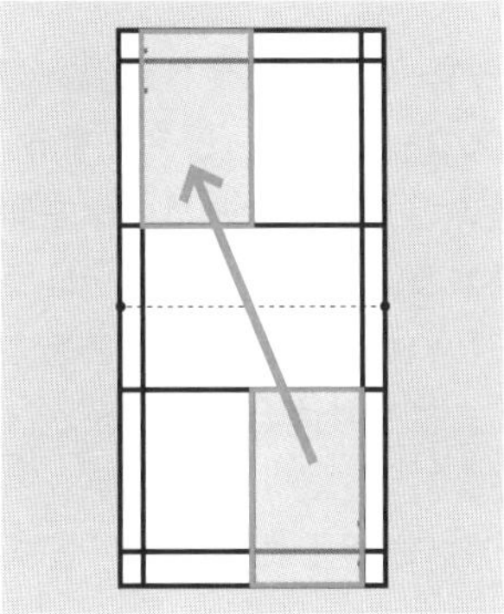

シャトルの台を打つ

サービスをするときは、ラケットのストリングド・エリアにシャトルの台が最初に当たるようにして打つ必要がある。つまり、シャトルの羽根など台以外の部分を打ってはいけない

サービス時のシャトルの位置

シャトル全体が、サーバーのラケットで打たれる瞬間に必ずコート面から1.15m以下でなければならない（サービス時のシャフトの向きに制限はない）。

シャトルの位置を判定するために、（公財）日本バドミントン協会公認の測定器を使用する（装置がない場合の判定方法は「サービス時のフォルト」内p60を参照）。

写真提供；合同会社 スポーツ開発研究所

第2章

03 シングルスのサービス位置

サーバーのスコアが0か偶数のときは右サービスコートでサーブを行う

シングルスのマッチで、サーバーのスコアが0か偶数のとき、サーバーは右側のサービスコートでサービスをする。逆に、サーバーのスコアが奇数のときは、サーバーは左側のサービスコートでサービスをする。また、サーバーはラリーに勝ったサイドが行い、正しい位置からサービスをすること。間違いが見つかったときはやり直しをするが、スコアはそのままとすることも覚えておこう。なお、レシーバーの位置は、常にサーバーの対角線上にあるサービスコートとなる（P52 ～ 53 参照）。

要チェックポイント

- ★ **サーバーのスコアが0または偶数のとき、サーバーは、右サービスコートでサービスをする**
- ★ **サーバーのスコアが奇数のとき、サーバーは、左サービスコートでサービスをする**
- ★ **サーバーがラリーに勝ったとき、そのサーバーのサイドは1点を獲得し、そのサーバーがもう一方のサービスコートから再びサービスをする**
- ★ **サービスの順番やサービスコートの間違いが見つかったときは、その間違いを訂正するが、スコアはそのときのままとする**

サーバーのスコアが 0 または偶数のとき

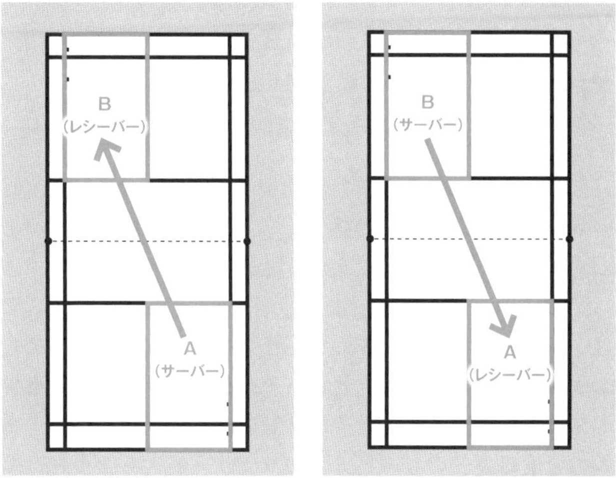

サーバーのスコアが奇数のとき

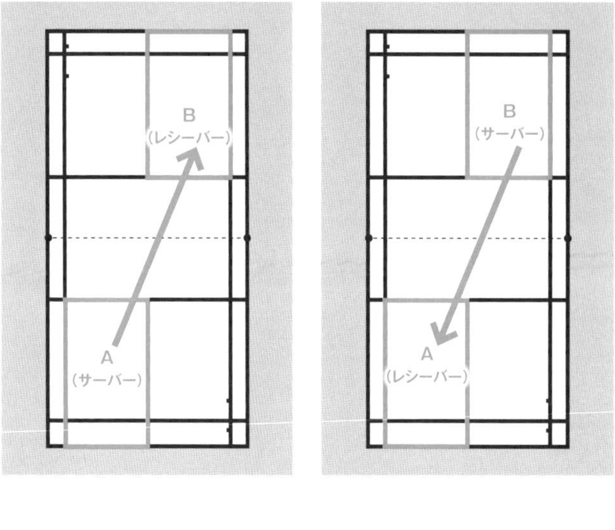

第2章 04 シングルスのサービス位置の例

ゲーム最初のサービスは、サーバーは右サービスコートでサービスをする

ここでは、シングルスのマッチで、正しいサービス位置がサーバーのスコアの推移によってどのように移っていくかを、具体的に例を挙げながら確認する。

頭に入れておきたい点は、ゲーム開始時のサービスでは、サーバーは必ず右側のサービスコートからサービスをスタートさせるということだ。その後は、サーバーは自分のスコアが０か偶数のときは右側のサービスコートで、奇数のときは左側のサービスコートでサービスを行う。この基本を頭に入れたうえで、右ページを参照してほしい。

サーバーは、自分のポイントが０か偶数のときは、右サービスコートからサービスを行う

サービス位置の例その1

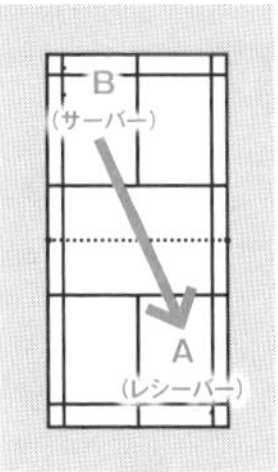

■Aのスコア=0
■Bのスコア=0
試合前のトスでBがサーバーに決まった場合、Bは右サービスコートでサービスを行い、Aは右サービスコートでレシーブを行う

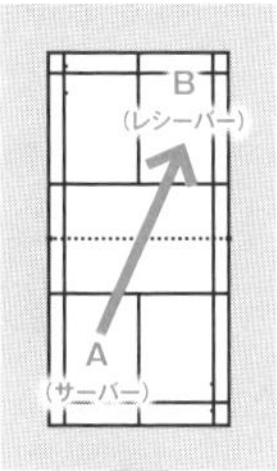

■Aのスコア=1
■Bのスコア=0
ラリーにAが勝ち、Aのスコアに1点が加算される。サービス権を得たAは、自分のスコアが奇数（1点）なので、左サービスコートでサービスを行う。レシーバーとなったBも左サービスコートでレシーブを行う

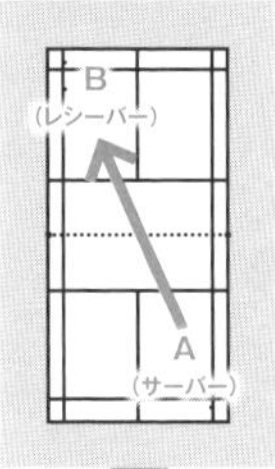

■Aのスコア=2
■Bのスコア=0
続けてラリーにAが勝ち、Aのスコアに1点が加算される。サービス権のあるAは、自分のスコアが偶数（2点）なので、右サービスコートでサービスを行う。レシーバーとなったBも右サービスコートでレシーブを行う

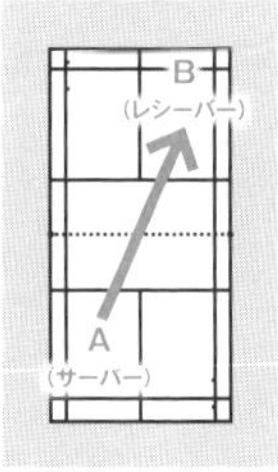

■Aのスコア=3
■Bのスコア=0
続けてラリーにAが勝ち、Aのスコアに1点が加算される。サービス権のあるAは、自分のスコアが奇数（3点）なので、左サービスコートでサービスを行う。レシーバーとなったBも左サービスコートでレシーブを行う

サービス位置の例その2

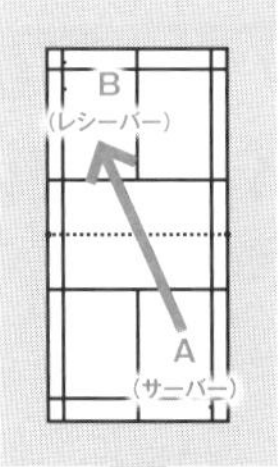

■Aのスコア=0
■Bのスコア=0
試合前のトスでAがサーバーに決まった場合、Aは右サービスコートでサービスを行い、Bは右サービスコートでレシーブを行う

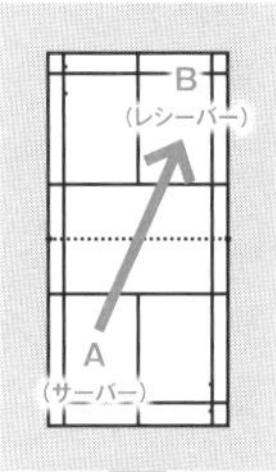

■Aのスコア=1
■Bのスコア=0
ラリーにAが勝ち、Aのスコアに1点が加算される。サービス権のあるAは、自分のスコアが奇数（1点）なので、左サービスコートでサービスを行う。レシーバーとなったBも左サービスコートでレシーブを行う

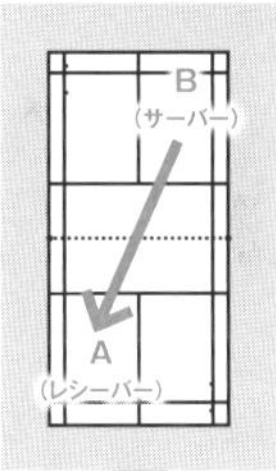

■Aのスコア=1
■Bのスコア=1
ラリーにBが勝ち、Bのスコアに1点が加算される。サービス権を得たBは、自分のスコアが奇数（1点）なので、左サービスコートでサービスを行う。レシーバーとなったAも左サービスコートでレシーブを行う

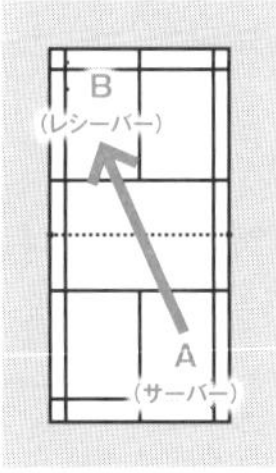

■Aのスコア=2
■Bのスコア=1
ラリーにAが勝ち、Aのスコアに1点が加算される。サービス権を得たAは、自分のスコアが偶数（2点）なので、右サービスコートでサービスを行う。レシーバーとなったBも右サービスコートでレシーブを行う

第2章 05

ダブルスのサービス位置

サービングサイドが得点した場合同じサーバーが続けてサービスをする

ダブルスのマッチで、サービングサイドのスコアが０か偶数のとき、サーバーは右側のサービスコートでサービスをする。サービングサイドのスコアが奇数のときは、左側のサービスコートからサービスをする。また、サービングサイドがラリーに勝った場合、同じサーバーがもう一方のサービスコートに移動して、サービスを行う。プレーヤーは、サービングサイドが得点したとき以外は、それぞれのサービス時の位置を替えてはいけないことも覚えておこう。

要チェックポイント

★ **サービングサイドのスコアが０または偶数のとき、サービングサイドのプレーヤーは右サービスコートから、奇数のときは左サービスコートからサービスをする**

★ **プレーヤーは、そのプレーヤーのサイドがサービスをし、得点するまで、それぞれのサービスコートを替えてはならない**

★ **サービングサイドがラリーに勝ったとき、サービングサイドが１点を得て、同じサーバーが再びもう一方のサービスコートからサービスをする**

★ **レシービングサイドがラリーに勝ったときは、レシービングサイドが１点を得て、サービス権が移る**

サービングサイドのスコアが0または偶数のとき

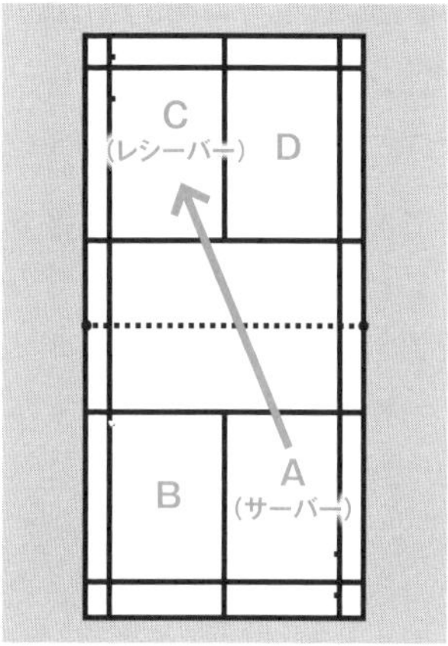

サービングサイドのスコアが奇数のとき

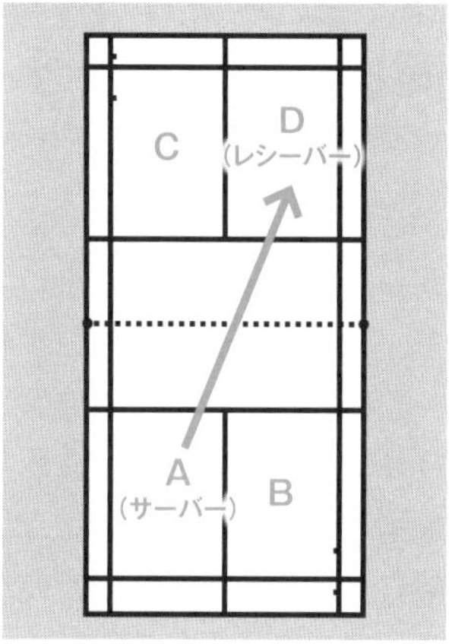

サーバーの順番

レシービングサイドがラリーに勝って得点した場合は、サービス権が得点したサイドに移る。その際、次の順番でサーバーが移って行くので、下の図を参考にして覚えておこう。①右サービスコートからゲームを始めた最初のサーバーから、②最初のレシーバーのパートナー（D）へ、③最初のサーバーのパートナー（B）へ、④最初のレシーバー（C）へ、⑤最初のサーバー（A）へ、と続いていく

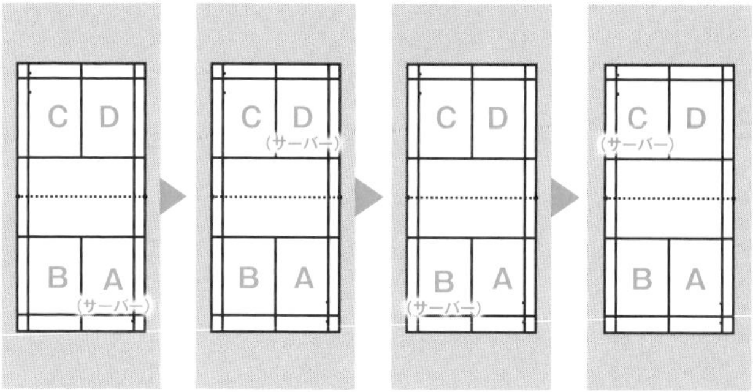

第2章 06

ダブルスのサービス位置の例

サービングサイドが得点をした場合は同じサーバーがサービスを続ける

ここでは、ダブルスのマッチで、正しいサービス位置がサーバーのスコアの推移によってどのように移っていくかを、具体的に例を挙げながら確認する。

頭に入れておきたい点は、サービングサイドのスコアが０か偶数なら右、奇数なら左サービスコートからサービスをすることだ。また、サービングサイドが得点をした場合、同じサーバーがもう一方のサービスコートからサービスをする点も覚えておきたい。ちなみにレシービングサイドが得点した場合、P47 のようにサービス権が移っていく。

サービングサイドが得点したら、同じサーバーがもう一方のコートに移動してサービス

サービス位置の例その1

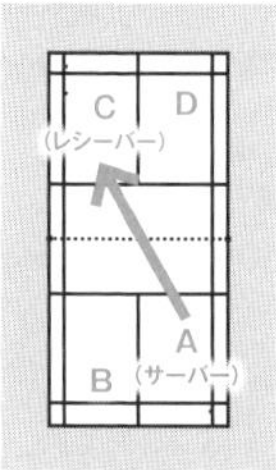

■A&Bのスコア=0
■C&Dのスコア=0

試合前のトスでAB組がサービス権を得た場合、右サービスコートでサービスを行う(この場合はAがサーバー)。その際、Aの対角線上のコートにいるCがレシーバーとなる

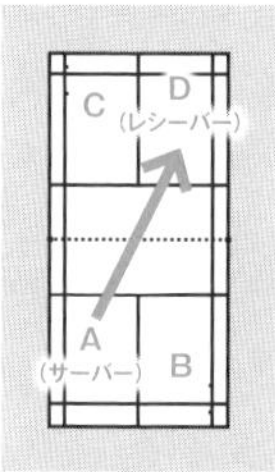

■A&Bのスコア=1
■C&Dのスコア=0

ラリーにAB組が勝ち、1点が加算される。サービス権をキープしたAB組のサーバーAは、自分たちのスコアが奇数(1点)なので、左サービスコートからサービスを行う。レシービングサイドのCDの位置は替わらない

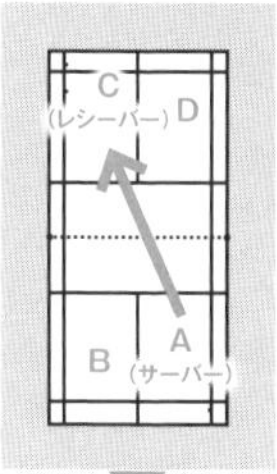

■A&Bのスコア=2
■C&Dのスコア=0

続けてラリーにAB組が勝ち、1点が加算される。サービス権をキープしたAB組のサーバーAは、自分たちのスコアが偶数(2点)なので、右サービスコートからサービスを行う。レシービングサイドのCDの位置は替わらない

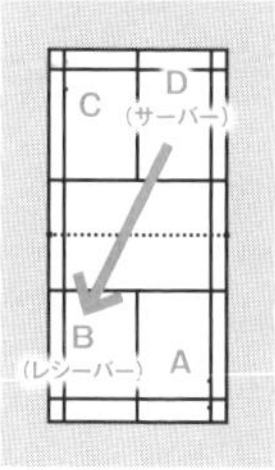

■A&Bのスコア=2
■C&Dのスコア－1

ラリーにCD組が勝ち、1点が加算される。サービス権が移り、CD組のスコアが奇数(1点)なので、左サービスコートにいたDが左サービスコートからサービスを行う。Dの対角線上のコートにいたBがレシーバーとなる

サービス位置の例その2

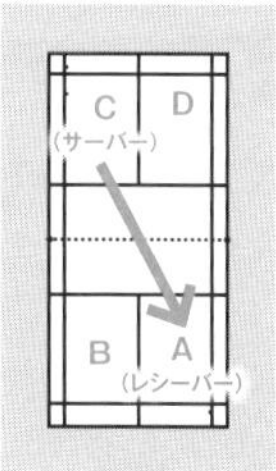

■A&Bのスコア=0
■C&Dのスコア=0

試合前のトスでCD組がサービス権を得た場合、右サービスコートでサービスを行い(この場合はCがサーバー)、Dはもう一方のサービスコートに立つ。その際、Cの対角線上のコートにいるAがレシーバーとなる

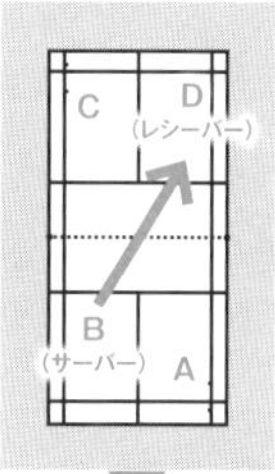

■A&Bのスコア=1
■C&Dのスコア=0

ラリーにAB組が勝ち、1点が加算される。サービス権が移り、AB組のスコアが奇数(1点)なので、左サービスコートにいたBが左サービスコートからサービスを行う。その際、Bの対角線上のコートにいたDがレシーバーとなる

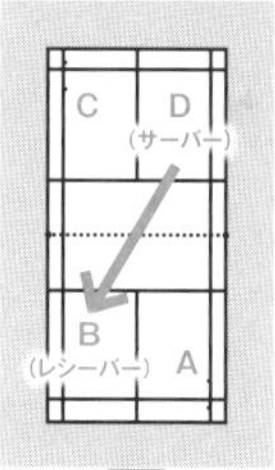

■A&Bのスコア=1
■C&Dのスコア=1

ラリーにCD組が勝ち、1点が加算される。サービス権が移り、CD組のスコアが奇数(1点)なので、左サービスコートにいたDが左サービスコートからサービスを行う。Dの対角線上のコートにいたBがレシーバーとなる

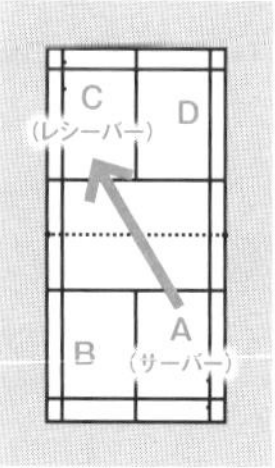

■A&Bのスコア=2
■C&Dのスコア=1

ラリーにAB組が勝ち、1点が加算される。サービス権が移り、AB組のスコアが偶数(2点)なので、右サービスコートにいたAが右サービスコートからサービスを行う。Aの対角線上のコートにいたCがレシーバーとなる

第2章

07 レシーブの方法

レシーブは、サーバーと斜めに向かい合ったサービスコート内で行う

シングルスもダブルスも、サービス時のレシービングサイドのプレーヤーは、サーバーと斜めに向かい合ったサービスコート内でレシーブを行う。その際、サービスコートの境界線（ライン）に触れずに立たなければならない。また、レシーバーはサービスの開始から終了まで、両足の一部分を動かさず、コート面に接していなければならないが、上半身やラケットなどを動かしても問題はない。

要チェックポイント

★ **レシーバーは、サーバーと斜めに向かい合ったサービスコート内で、境界線に触れずに立つ**

★ **ダブルスでは、サービスの始まりから終了まで、それぞれのパートナーは、相手側のサーバーまたはレシーバーの視界をさえぎらない限り、それぞれのコート内ならどこの位置にいてもよい**

★ **レシーバーの両足の一部分は、サービスを始めてからサービスがなされるまで、その位置でコート面に接していなければならない**

★ **サーバーは、レシーバーの体勢が整う前にサービスを始めてはならないが、もしその前にサービスをした場合でも、レシーバーがそれを打ち返そうと試みたときは、体勢が整っていたものとみなされる**

レシーバーの位置（シングルス）

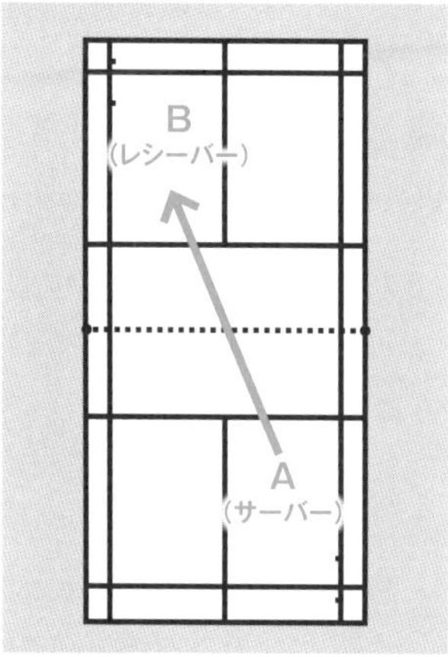

サーバーと斜めに向かい合ったサービスコート内で、サービスコートのラインを踏まずに立つこと

レシーバーの位置（ダブルス）

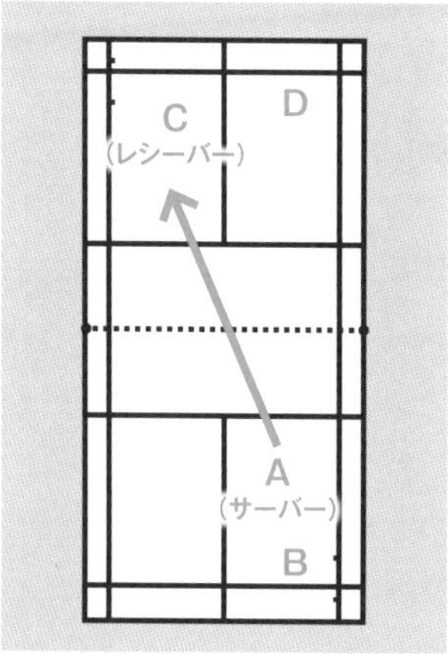

サーバーのパートナー（B）は、サーバーとレシーバーの視界をさえぎらない限り、自分のコート内ならどこに立ってもよい

○ 両足の一部を動かさない

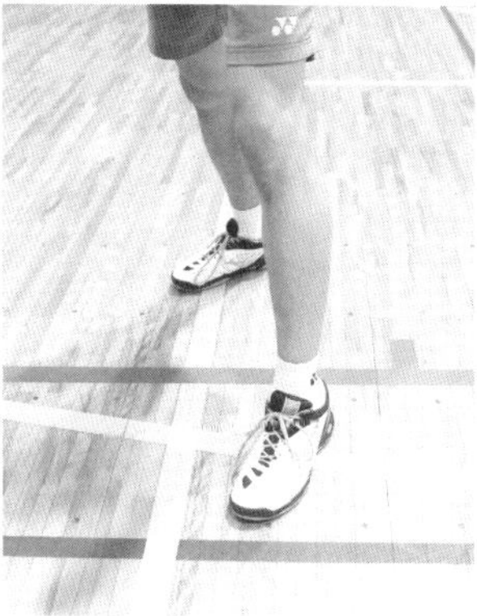

サービスの開始から終了まで、両足の一部分を動かさず、コート面に接していなければならない

× ラインを踏んではいけない

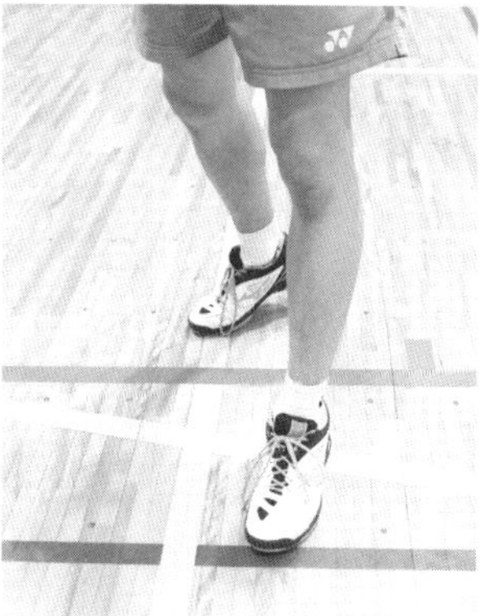

サービスコートの境界線（ライン）に触れずに立たなければならない。触れていた場合はフォルトとなる

08 レシーブ位置の例

ダブルスの場合、同じプレーヤーが続けてレシーバーを務めることはない

ここでは、サービスが行われるときのレシーバーの位置が、サーバーのスコアの推移によってどのように移っていくかを、具体的に例を挙げながら確認する。

基本的に、レシーバーは、サービングサイドのスコアが0か偶数のときは右、奇数のときは左サービスコート内に立たなければならない。つまり、常にサーバーの斜めに対向するサービスコート内が正しい位置となる。ダブルスのレシーバーは、連続してレシーバーを務めることはないので、その点も頭に入れておきたい。

レシーバーは、サービングサイドのスコアが0か偶数のときは右、奇数のときは左サービスコート内に立つ

レシーブ位置の例（シングルス）

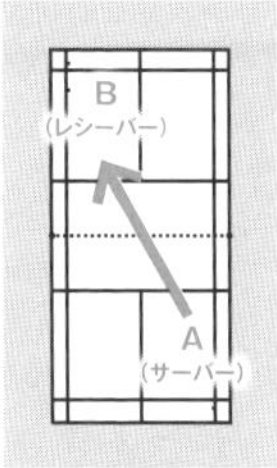

■Aのスコア＝0
■Bのスコア＝0

試合前のトスでBがレシーバーに決まった場合、Aは右サービスコートでサービスを行い、Bも右サービスコートでレシーブを行う

▼

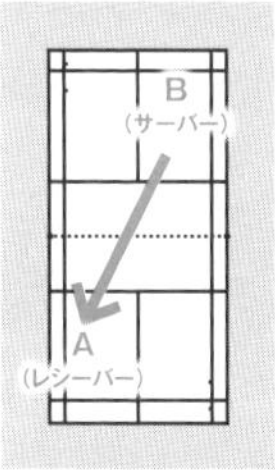

■Aのスコア＝0
■Bのスコア＝1

ラリーにBが勝ち、1点が加算される。サービス権がBに移り、Bのスコアが奇数（1点）なのでAは左サービスコートでレシーブを行う（Bは左サービスコートでサービスを行う）

▼

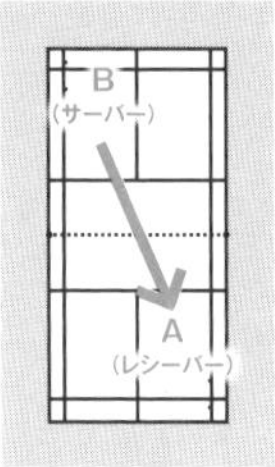

■Aのスコア＝0
■Bのスコア＝2

続けてラリーにBが勝ち、1点が加算される。サービス権はBのままで、Bのスコアが偶数（2点）なのでAは右サービスコートでレシーブを行う（Bは右サービスコートでサービスを行う）

▼

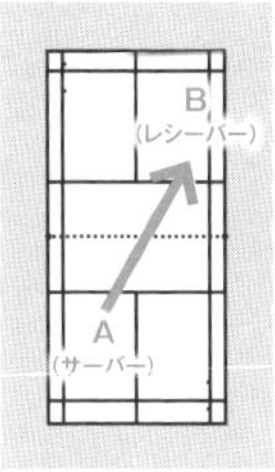

■Aのスコア＝1
■Bのスコア＝2

ラリーにAが勝ち、1点が加算される。サービス権がAに移り、Aのスコアが奇数（1点）なのでBは左サービスコートでレシーブを行う（Aは左サービスコートでサービスを行う）

レシーブ位置の例（ダブルス）

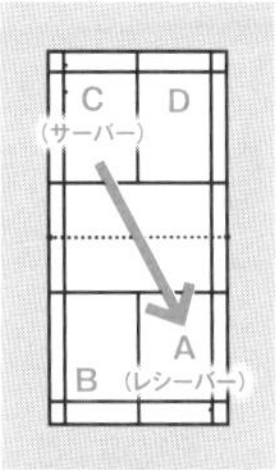

■A&Bのスコア＝0
■C&Dのスコア＝0

試合前のトスでAB組がレシービングサイドとなった場合、右サービスコートでレシーブを行う（この場合はAがレシーバー）。サービングサイドのCD組は、右サービスコートからサービスを行う（この場合はCがサーバー）

▼

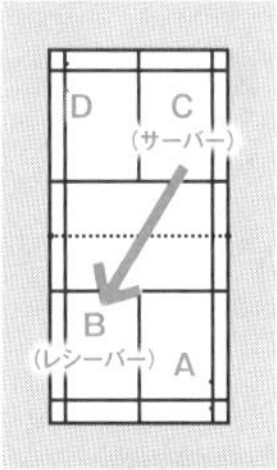

■A&Bのスコア＝0
■C&Dのスコア＝1

ラリーにCD組が勝ち、1点が加算される。CD組のスコアが奇数（1点）なので、左サービスコートにいたBがレシーバー。サーバーはCのままで、Cは左サービスコートに移動してサービスを行う

▼

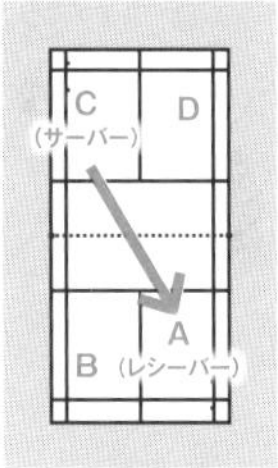

■A&Bのスコア＝0
■C&Dのスコア＝2

ラリーにCD組が勝ち、1点が加算される。CD組のスコアが偶数（2点）なので、右サービスコートにいたAがレシーバー。サーバーはCのままで、Cは右サービスコートに移動してサービスを行う

▼

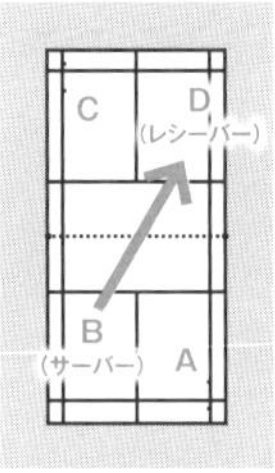

■A&Bのスコア＝1
■C&Dのスコア＝2

ラリーにAB組が勝ち、1点が加算される。サービス権が移り、AB組のスコアが奇数（1点）なので、左サービスコートにいたDがレシーバー。サービスは左サービスコートにいたBが、左サービスコートから行う

第2章

09 ラリー

どちらかのサイドがラリーに勝つか フォルトをしたら、ラリーが終わる

サーバーがサービスしたシャトルを、レシーバーがレシーブで返すと、その時点からラリーが始まったことを意味する。ラリーとは、サービスされたシャトルがインプレーでなくなるまでの1回、またはそれ以上のストロークの繰り返しのことをいう（P13参照）。

そして、どちらかのサイドがラリーに勝つか、フォルトをしてしまったときに、ラリーは終了する。なお、ダブルスの場合、ペア内の同じプレーヤーが続けてシャトルを打ち返してラリーを続けてよいことも、覚えておきたい。

ダブルスでは、ペア内の同じプレーヤーが、相手が打ったシャトルを繰り返して打ち返し、ラリーを続けてもよい（ペアが交互に打つ必要はない）

第2章 10

エンドの交替とインターバル

マッチでエンドを交替するときとインターバルが認められるとき

シングルスでもダブルスでも、プレーヤーは、第１ゲームを終了したときに、お互いのエンドを交替する。第３ゲームを行う場合は、第２ゲームが終了したときにエンドを替え、さらに第３ゲームでどちらかのサイドが 11 点に達した後にもエンドを交替する。また、どちらかのサイドのスコアが 11 点に達したときに 60 秒以内、ゲームとゲームの間には120秒以内のインターバルがそれぞれ認められている。

要チェックポイント

- ★ 第１ゲームを終了したとき、お互いのエンドを替える。第３ゲームを行う場合、第２ゲームが終了したら、お互いのエンドを替える
- ★ 第３ゲームでは、どちらかが最初に11点に達したとき、お互いのエンドを替える
- ★ 規定通りにエンドを替えなかった場合、間違いが発見され次第、シャトルがインプレーでなくなったときに速やかにエンドを交替する。ただしスコアはそのままとする
- ★ すべてのゲーム中、どちらかのスコアが11点になったとき、60秒以内のインターバルを認める
- ★ 第１ゲームと第２ゲームの間、第２ゲームと第３ゲームの間に120秒以内のインターバルを認める

column

2

一般的に正式競技用のシャトルはガチョウの羽根で作られている

バドミントンで正式に使用するシャトルは、コルク製の台に16枚の羽根を刺して並べたものと規定されている（P20～21参照）が、シャトルには天然素材のものもあれば、合成素材のものもある。ただし、試合など競技で使用するシャトルは、世界的に天然のガチョウの羽根を使用している（公益財団法人 日本バドミントン協会の一種検定球もガチョウの羽根と規定）。

通常、動物や鳥の羽根は羽軸の頑丈さによって強さが決まり、泳いだり歩いたりする動物の羽根は弱くてもろく、空を飛ぶ鳥の羽根は太くて強いという性質がある。そんな中で、泳ぐことも歩くことも飛ぶこともあるガチョウの羽根は、羽軸がほどよく強いため、ちょうどシャトルに適した素材とされ、古くからシャトルに使われてきた。ちなみに、かつて日本ではニワトリの羽根でできたシャトルを使用していた時代もあったが、1963年の全日本総合選手権大会からは、ガチョウの羽根を使用するようになっている。

第3章

フォルトとレット

第3章 01

サービス時のフォルト

サービスの開始と終了の各状態とサービス時のフォルトを覚えておこう

ここでは、サービス時のフォルト（反則）を紹介するが、その前に、下にあるサービスの「開始」と「終了」が、それぞれどの状態を指すのかを頭に入れておこう。そのうえで、右ページ以降のフォルトを覚えてほしい。

特に注意しておきたいフォルトとしては、サーバーもレシーバーも、サービスの開始から終了までの間、両足の一部分が同じ位置でコート面に接していなかったり（移動したり）、完全に宙に浮かせたりしてはいけないという点だ。また、サービスは、サーバーのラケットで打たれる瞬間に必ずシャトル全体がコート面（床）から1.15m以下に位置していなければならない点も、合わせて注意してほしい（その際、ラケットヘッドおよびシャフトの向きは自由）。

サービスの「開始」と「終了」の定義

それぞれのプレーヤーのサービスの体勢が整った後、サーバーのラケットヘッドの前方への最初の動きが、サービスの「開始」とする

サービスは、いったん始められると、シャトルがサーバーのラケットで打たれるか、サービスをしようとしてシャトルを打ちそこなったときに「終了」する

サービス時のフォルト

1 両サイドとも、サービスを不当に遅らせた場合は、遅らせたサイドがフォルトとなる。なお、サーバーのラケットヘッドの後方への動きが完了したタイミングが、サービスを不当に遅らせたかどうかの判断基準になる

3 サーバーおよびレシーバーの両足の一部分が、サービスの開始から完了まで、同じ位置でコート面に接していなかった場合はフォルトとなる

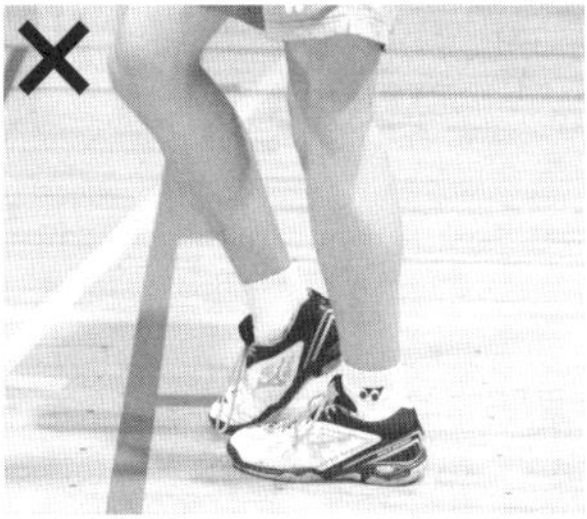

足の一部を動かすことは認められているが、足全体を移動させるとフォルト

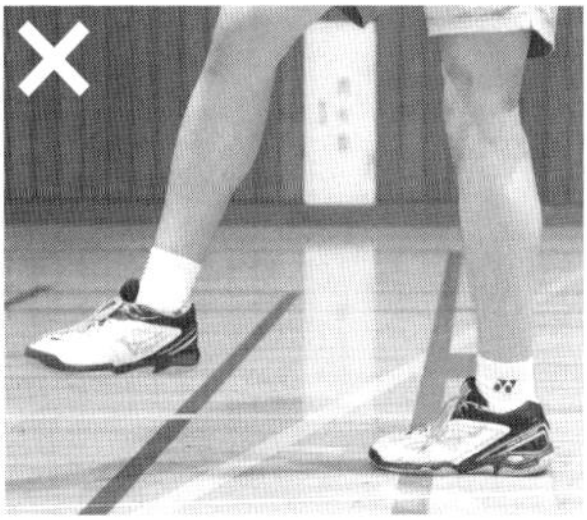

足の一部を浮かせることは認められているが、足全体を宙に浮かせるとフォルト

2 サービスコート内に立つサーバーおよびレシーバーがサービスコートのラインを踏んだ（触れた）場合はフォルトとなる

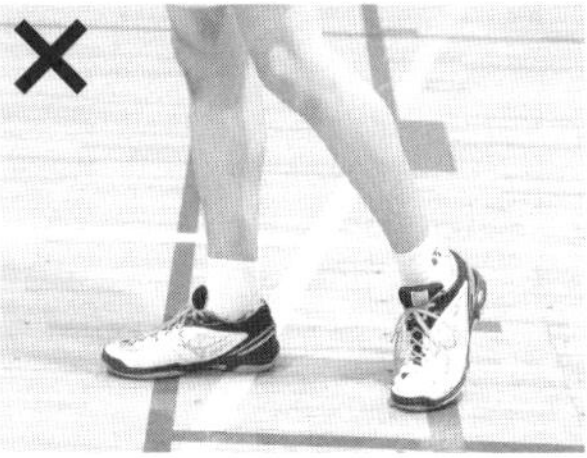

足がラインに触れていた場合はフォルト

4 サーバーが、ラケットで最初にシャトル台を打たなかった場合はフォルトとなる

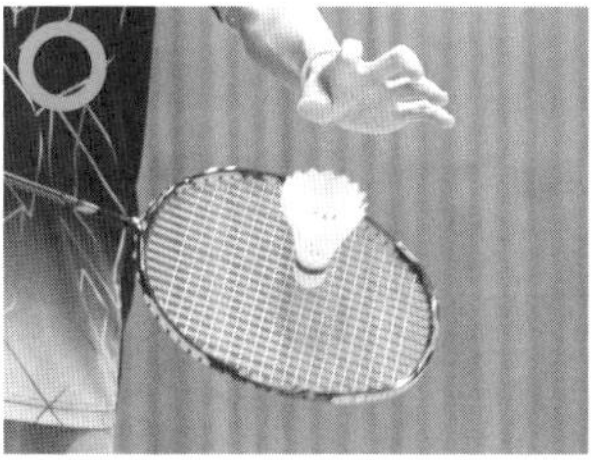

ストリングド・エリアでシャトルの台を打つ

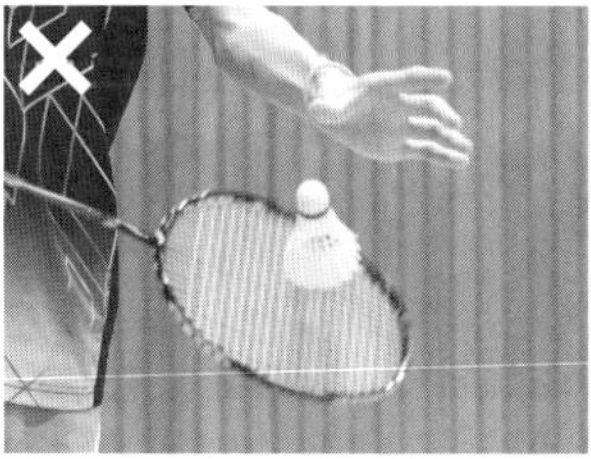

羽根など、台以外の部分を打つとフォルト

5 サーバーがラケットでシャトルを打つ瞬間に、シャトル全体がコート面（床）から 1.15m 以下でなかった場合はフォルトとなる

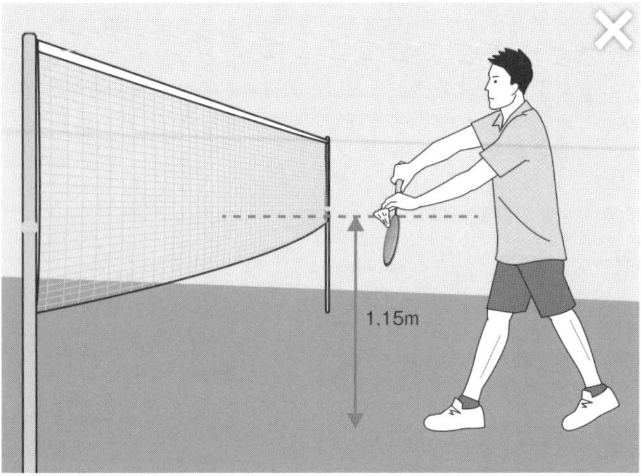

高さを判断するための測定器がない場合は、ポストの高さ 1.15m の位置にテープやリボンなどを巻くなどして対応する

打球の瞬間、シャトル全体がコート面（床）から 1.15m 以下にあれば正しいサービスとなる（写真提供；合同会社 スポーツ開発研究所）

6 サーバーのラケットが、サービスの開始から完了まで、前方への動きを継続しなかった場合はフォルトとなる（フェイント禁止）

✕ シャトルを打つと見せかけて、ラケットを後方に動かしてから打つ

ラケットを前方に動かして、サービスを開始する

シャトルを打たず、再びラケットを後方に戻す（この時点でフォルト）

後ろに戻したラケットを再び前方に動かして、シャトルを打つ

7 サービスしたシャトルが、ネットの上を通るようにサーバーのラケットから上向きに飛行しなかった場合はフォルトとなる

サービスで打ったシャトルがネットにかかり、手前に落下した場合はフォルト

8 サービスの際、サーバーがシャトルを空振りするなどシャトルを打ち損なった場合はフォルトとなる

空振りするなど、サービスの損ないはフォルト

第3章

02 サービス後のフォルト

レシーバーのパートナーによってレシーブされた場合はフォルト

正しくサービスが行われた後、次のようなケースが起こった場合はフォルトとなるので、覚えておこう。

サービスしたシャトルが、①ネットの上に乗ってしまったとき、②ネットを越えた後、ネットにひっかかってしまったとき、③レシーバーのパートナーによって、シャトルが打ち返されたとき。特にダブルスの場合、③を知らないと十分に起こり得るので、注意してほしい。

✕レシーバーのパートナーがレシーブ

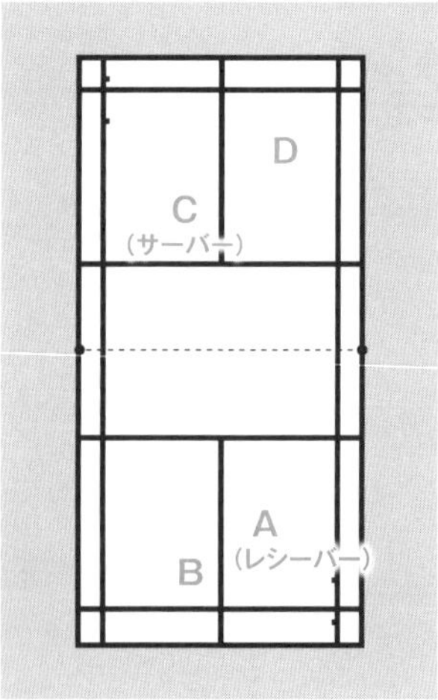

このケースでは、Cをサーバー、Aをレシーバーとする

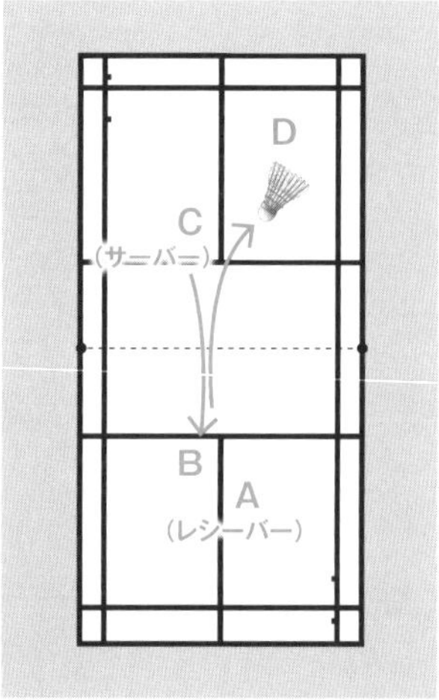

レシーバーのパートナーBがレシーブしたのでフォルト

インプレーのシャトルがアウトとなるケースを覚えよう

サービスおよびラリーにおいて、インプレーのシャトルが次のような状態になったときは、フォルトの判定となるので覚えておこう。

インプレーのシャトルが、①コートの境界線（ライン）の外に落ちたとき（ライン上やコートの内側でなかったとき）、②両ポスト間のネットの上を越えなかったとき、③天井または壁に触れたとき。なお、サービスおよびラリー中のシャトルがネットの上に触れてから相手側コートに落下する場合はフォルトではないので、注意してほしい。

アウトになる場合とならない場合

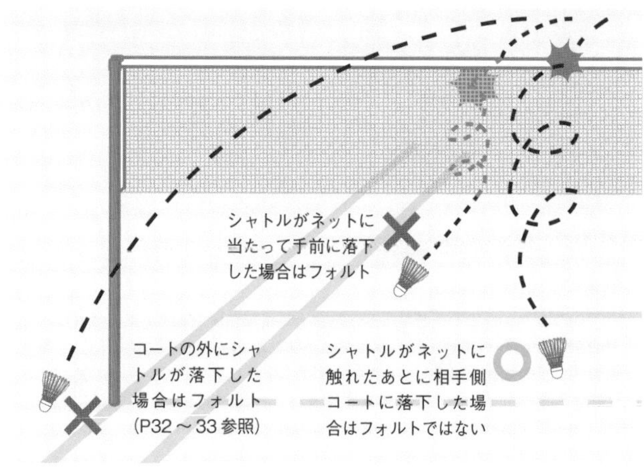

第3章 04

シャトルが身体に触れる

インプレーのシャトルがプレーヤーの身体または着衣に触れた場合はフォルトとなる

サービスやラリー中、インプレーのシャトルがプレーヤーの身体または着衣に触れたとき、フォルトとなる。

もしプレーヤーが手や足を使って、シャトルを相手側コート内に返したとしても、「シャトルが身体に触れた」ことになり、フォルトとなるので注意したい。主審の「シャトルが触れました（The shuttle touched you＝ザ・シャトル・タッチド・ユー）」というコールも覚えておこう。

豆知識　コート外の物または人に触れたとき

インプレーのシャトルがコート外の物（得点表示装置など）または人（コーチなど）に触れた場合、プレーヤーの身体に触れたときと同様に、フォルトとなる。この場合、シャトルを打った側のフォルトとなって、相手のスコアに1点が加算される。ただし、建物の構造上、必要があるときは主催者の承認を得てシャトルが障害物に触れた場合の個別ルールを設けることができる。

シャトルが身体に触れるとフォルト

シャトルが自分の身体または着衣に触れた場合、フォルトとなって相手のスコアに１点が加算される

主審のコール

インプレーのシャトルがプレーヤーの身体または着衣に触れたとき、主審はフォルトを告げるコールをする

「シャトルが触れました
（ザ・シャトル・タッチド・ユー）」
“The shuttle touched you.”

第3章 05

1人が続けてシャトルを打つ

インプレーのシャトルを同じプレーヤーが2回連続して打った場合、フォルトとなる

サービスやラリー中、インプレーのシャトルを同じプレーヤーが２回連続して打った場合、フォルトとなる。

ただし、ラケットヘッドとストリングド・エリアで、１回のストローク中に連続して打った場合はフォルトにはならない。主審の「２回連続してシャトルを打ちました（You hit the shuttle twice ＝ユー・ヒット・ザ・シャトル・トゥワイス）」というコールも覚えておこう。

同じプレーヤーが２回連続してシャトルを打つとフォルトになる（写真①④）

連続してシャトルを打つとフォルト

相手が打ったシャトルを
小さくレシーブ

レシーブしたシャトルを
連続して打つとフォルト

主審のコール

インプレーのシャトルを同じプレーヤーが2回連続して打ったとき、主審はフォルトを告げるコールをする

**「2回連続してシャトルを打ちました
（ユー・ヒット・ザ・シャトル・トゥワイス）」**

“You hit the shuttle twice.”

第3章 06

ラケットでシャトルを振り投げる

シャトルをラケットに乗せた状態でストロークしたとき、フォルトとなる

サービスやラリー中、インプレーのシャトルを１回のストロークで、ラケット上に捕え、保持された状態で振り投げられたとき、フォルトとなる。

シャトルをラケットに乗せた状態でストロークしてはいけないので、注意したい。主審の「ラケット上でシャトルを保持しました（You slung the shuttle ＝ユー・スラング・ザ・シャトル)」というコールも覚えておこう。

ラケットにシャトルを乗せた状態でストロークするとフォルトになる

ラケットでシャトルを振り投げるとフォルト

シャトルがラケットに
乗った状態

ラケットに乗せたシャトルを
振り投げるとフォルト

主 審 の コ ー ル

インプレーのシャトルがラケット上に保持された状態で振り投げられたとき、主審はフォルトを告げるコールをする

「ラケット上でシャトルを保持しました
（ユー・スラング・ザ・シャトル）」
“You slung the shuttle.”

第3章 07

ペア内で2人続けてシャトルを打つ

プレーヤーとそのパートナーによって連続して打たれたとき、フォルトとなる

ダブルスのマッチにおいて、サービスやラリー中、同じペア内でプレーヤーとそのパートナーによって連続してシャトルが打たれたとき、フォルトとなる。

シャトルをパートナーにパスし、パートナーがそのシャトルを相手コートに返すことは認められていないので、注意してほしい。なお、打ったシャトルがパートナーのラケットに当たってしまったときも、フォルトとなる。

ダブルスで２人のプレーヤーが連続してシャトルを打つとフォルトになる（写真①③）

打ったシャトルがパートナーのラケットに当たるとフォルト

プレーヤーがシャトルを打つ

打ったシャトルがパートナーのラケットに当たった場合もフォルト

豆知識　シャトルが相手コートに向かって飛ばなかった

シングルスおよびダブルスで、プレーヤーが打ったシャトルが相手コートに向かって飛ばなかったとき、その時点でフォルトとなることも覚えておこう。つまり、横もしくは後方にシャトルが飛んだあとに相手がネットに触れるなど何らかのフォルトをしたとしても、その前にシャトルを横もしくは後方に打った側のフォルトとなる。

相手側が打ったシャトルを、プレーヤーが打ち返そうとする

打ったシャトルが後方に向かって飛んだ時点でフォルトとなる

第3章 08

プレーヤーがネットに触れる

プレーヤーがラケット、身体、着衣で、ネットやポストに触れるとフォルトとなる

インプレー中、プレーヤーがラケット、身体、着衣で、ネットまたはそれを支えるポスト（支柱物）に触れてしまったとき、フォルトとなる。

シャトルを打ったあとのフォロースルーが、ネットやポストに触れた場合はフォルトとなるので注意したい。主審の「ネットに触れました（You touched the net＝ユー・タッチド・ザ・ネット）」というコールも覚えておこう。

豆知識　相手の正当なストロークを妨げたとき

プレーヤーが、ネットを越えたシャトルを追う相手の正当なストロークを妨げたとき（相手を妨害したとき）もフォルトとなり、相手のスコアに１点が加算されるので注意してほしい。また、プレーヤーが大声を出すなどして相手の注意をそらしたり、あるいは身振りなどの動作をすることによって故意に相手の注意をそらしたりしたときもフォルトとなるので、覚えておこう。

ネット際で相手プレーヤーがシャトルを打ち返そうとする

相手のストロークをブロックすると、フォルトとなる

ラケットや身体でネットやポストに触れるとフォルト

フォロースルーがネットに触れてしまった場合、フォルトとなって相手のスコアに１点が加算される

主 審 の コ ー ル

ラケット、身体、着衣で、ネットやポストに触れてしまったとき、主審はフォルトを告げるコールをする

「ネットに触れました
（ユー・タッチド・ザ・ネット）」
“You touched the net.”

第3章 09

ネットを越えてシャトルを打つ

ラケットや身体がネットを越え相手コートを侵した場合はフォルト

プレーヤーのラケットや身体がネットの上を越え、少しでも相手のコートを侵したとき、またはネットを越えた位置でシャトルを打ったとき（ラケットとシャトルとの最初の接触点がネットより打者側でなかったとき）、フォルトとなる。ただし、シャトルを打ったあとのフォロースルーがネットの上を越えた場合はフォルトにはならないので、合わせて覚えておこう。

豆知識　ネットの下から著しく相手を妨害した

インプレー中、プレーヤーがネットの下からラケット、もしくは身体で相手のコートを侵し（相手コート内に入って）、その動作が著しく相手を妨害したと主審が判断したとき、フォルトとなって相手のスコアに1点が加算されるので、注意してほしい。また、そのような動作が相手の注意をそらしたと主審が判断した場合もフォルトとなるので、覚えておこう。

ネット下からラケットを使って相手を妨害するとフォルト

ネット下から自分の身体で著しく相手を妨害するとフォルト

ネットを越えた位置でシャトルを打つとフォルト

ネットの上を越えて相手コート側でシャトルを打ったとき、フォルトとなって相手のスコアに１点が加算される

主審のコール

ラケットや身体がネットの上を越えて相手のコートを侵したとき、主審はフォルトを告げるコールをする

「相手のコートを侵しました
（ユー・インベイデッド・ユア・オポーネンツ・コート）」
"You invaded your opponent's court."

第3章

10 レット

レットとなった場合は、レットになる直前のサーバーが再びサービスをする

「レット」とは、プレーを停止させるため、主審によってコールされる（主審がいないときはプレーヤーによってコールされる）。ここでは、「レット」となるケースを紹介しているので、しっかり覚えておこう。

また、「レット」となった場合は、その前のサービス以後のプレーは無効とし、レットになる直前のサーバーが再びサービスをして、マッチを再開する。「レット」はプレーのやり直しを意味するものであって、フォルトのようにどちらかのサイドにスコアが加算されることはない。

レットとなるケース

1 レシーバーの体勢が整う前にサーバーがサービスしたとき

サービス時に、まだレシーバーの体勢が整っていない

レシーバーの体勢が整う前にサービスをしたのでレット

2 サービス時に、レシーバーとサーバーの両方がフォルトをしたとき

サーバーがシャトルをウエストより上の位置で打ち、レシーバーがラインを踏んでいるので、レットとなる

3 サービスが打ち返されて、シャトルが、①ネットの上に乗ったとき、②ネットを越えたあとにネットにひっかかったとき

シャトルがネットの上に乗った

サービスが打ち返されたあと、シャトルがネットの上に乗ったのでレットとなる

ネットを越えたあとにネットにひっかかった

シャトルがネットを越えたあとに、ネットにひっかかったのでレットとなる

4 プレー中にシャトルが分解してシャトルの台が他の部分と完全に分離したとき

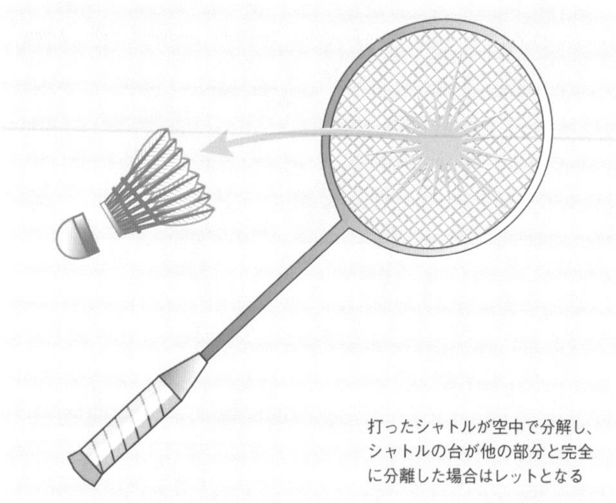

打ったシャトルが空中で分解し、シャトルの台が他の部分と完全に分離した場合はレットとなる

5 コーチによりプレーが中断させられたり、相対するサイドのプレーヤーが注意をそらされたりしたと、主審が判断したとき

コーチの声やアドバイスなどによって、プレーが中断させられた場合はレット

6 線審が判定できなかったうえ、さらに主審も判定できないとき

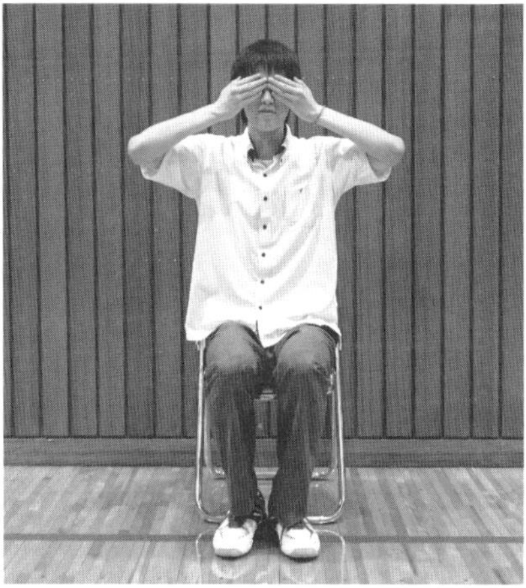

線審がシャトルの落下点が見えなくて判定ができないという合図をする。また、最終的な判定を行う主審も、同じく落下点が見えなくて判定ができない場合はレットとなる

7 マッチの最中に、いかなる不測の事態や突発的な事故が起きたとき

試合中に照明が消えた

試合中に停電が発生し、照明が消えてプレーを続けることができない場合はレットとなる

試合中に地震が起こった

試合中に地震が発生し、プレーを続けることができない場合はレットとなる

第3章

11 プレーの中断と遅延

インターバルや一部の例外を除き プレーヤーはプレーを継続すること

プレーヤーは、インターバルを除き、マッチが終わるまでプレーを継続しなければならないが、シャトルやラケットの交換、汗拭き、シューズの紐結びなどは、例外として主審の許可を得れば中断できる。ただし、主審の許可が得られなかった場合は、速やかにプレーを再開しなければならないので注意してほしい。なお、プレーの遅延については右ページで紹介しているので、覚えておこう。

要チェックポイント

★ **プレーは、インターバルと例外を除き、最初のサービスからマッチが終わるまで継続されなければならない**

★ **プレーヤーの責任でない状況によって必要とされるならば、主審は必要と思われる間、プレーを中断することができる（主審が認めなければ、プレーヤーはプレーを継続しなければならない）**

例）プレーヤーが、汗を拭くための時間を要求したとき
シャトルやラケットの交換を要求したとき
汗で濡れたコート面を拭いてほしいと要求したとき
シューズの紐を結び直したいと要求したとき

★ **プレーを中断した場合、そこまでのスコアはそのまま有効となり、プレーを再開するときは、その点数から始める**

プレーの遅延とコーチのアドバイス

プレーヤーはどんなことがあっても、体力や息切れを回復するため、あるいはコーチなどからアドバイスを受けるためにプレーを遅らせてはならない。そして、プレーの遅延を判断・処置する唯一の決定者は主審であることも覚えておこう。また、シャトルがインプレーでないときに限り、プレーヤーはマッチ中にコーチなどからアドバイスを受けられるが、インターバルを除き、主審の許可なしにコートを離れてアドバイスは受けられないので注意しよう。

○ シャトルがインプレーでないときは、コートを離れなければコーチのアドバイスを受けられる

× インターバル以外では、マッチ中に主審の許可なしにコートを離れてコーチのアドバイスを受けてはいけない

主審のコール

プレーヤーが息切れを回復するためなど、故意にプレーを遅らせたと判断したき、主審は注意を促すコールをする

（例）「ゲームを遅らせてはいけません
（ユー・マスト・ノット・ディレイ・ザ・ゲーム）」
"You must not delay the game."

第3章

12 不品行な振舞い

故意にシャトルに手を加えるなど 不品行な振舞いをしてはいけない

プレーヤーは、不品行な振舞いをしてはいけない。たとえば、①プレーを故意に遅らせたり中断したりすること、②シャトルのスピードや飛び方を変えるために、故意にシャトルに手を加えたり破損したりすること、③見苦しい服装でプレーをしたり、審判員や観客に対して横柄な振舞いをしたりするような下品で無礼な態度や言動、④ラケットや身体でネットなどのコート施設を叩く、耳障りな掛け声や叫び声を発するなど、競技規則を越えた不品行または不快な行動、などがそれにあたるので、注意しよう。

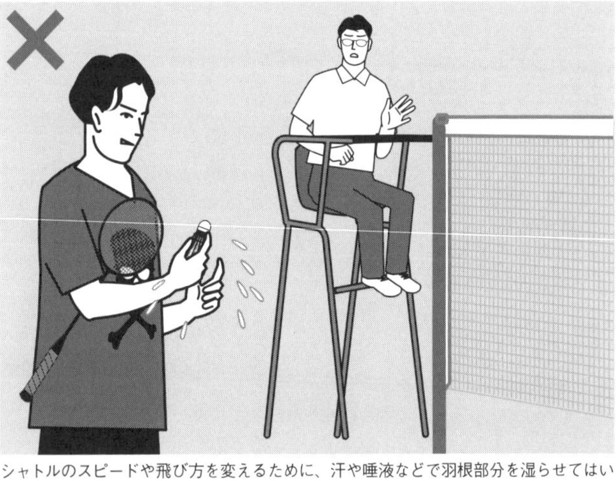

シャトルのスピードや飛び方を変えるために、汗や唾液などで羽根部分を湿らせてはいけないので、注意すること

不品行な振舞いの例（見苦しい服装）

品性に欠ける柄のＴシャツなどでプレーすることは許されていないので、必ず審査合格品を着用すること

汗が流れるのを緩和するために、タオルを頭に巻いてプレーする行為は見苦しいと判断される（主審が判断する）

主審のコール

プレーヤーがシャトルのスピードや飛び方を変えるために、故意にシャトルに手を加えたとき、主審は注意を促すコールをする

（例）「故意にシャトルに手を加えてはいけません（ユー・マスト・ノット・インターフェア・ウィズ・ザ・シャトル）」

"You must not interfere with the shuttle."

第3章

13 警告とフォルトと失格

一度警告を受けたあとプレーヤーが再び違反した場合はフォルトとなる

プレーヤーが故意にプレーを遅延させたり、不品行な振舞いをしたりした場合、主審から警告を受ける（イエローカード)。また、一度警告を受けた後、再び違反した場合はフォルトとなり（レッドカード)、相手サイドのスコアに１点が加算される。さらに、目に余る不品行な振舞い、執拗に違反を繰り返した場合は、そのプレーヤーはフォルトとされたうえで、レフェリー（競技役員長）の判断によって、主審からマッチからの失格処分（ブラックカード）を受けることがあるので、くれぐれも注意してほしい。

2度レッドカードを受けた場合、そのプレーヤーは失格処分の対象となるので注意したい

主審のコール(警告)

警告するとき、主審はプレーヤーを呼んでコールをする

「●●●（プレーヤーの名前）」
「ウォーニング・フォー・ミスコンダクト
“name of player”
“warning for misconduct.”

主審のコール(フォルト)

フォルトとするとき、主審はプレーヤーを呼んでコールをする

「●●●（プレーヤーの名前）」
「フォルト・フォー・ミスコンダクト」
“name of player”
“fault for misconduct.”

主審のコール(失格)

失格とするとき、主審はプレーヤーを呼んでコールをする

「●●●（プレーヤーの名前）」
「ディスクォリファイド・フォー・ミスコンダクト」
“name of player”
“disqualified for misconduct.”

column

3

世界ランキングでアジア諸国が上位を占めている要因とは?

ＢＷＦ（世界バドミントン連盟）が定期的に発表している世界ランキングを見てみると、上位を占めているのは、中国、マレーシア、日本、韓国、インド、インドネシア、タイ、台湾、香港といったアジア諸国のプレーヤーおよびペアであることがわかる。対して、バドミントン発祥の地とされる英国を含めたヨーロッパ諸国はアジアの後塵を拝しているというのが現状で、スペインのキャロリーナ・マリーン（女子シングルス）は例外として、デンマークだけがヨーロッパ唯一の強豪国として健闘している。

アジア優位の要因としては、マレーシア、インドネシアといった国々ではバドミントンが国技として人々に認知され、国が施策として強化を進めているという点が挙げられる。ただ、近年は中国のコーチがヨーロッパで指導するケースも多く見られ、それによってヨーロッパのバドミントン界も着々とレベルアップを続けているという事実も見逃せない。

第4章

基本テクニック

第4章

01 ストロークの種類

シャトルを打つ高さによって異なる6つのストロークを使い分けよう

ストロークには、シャトルを打つ高さによって、オーバーヘッドストローク、サイドアームストローク、アンダーハンドストロークという３つの打ち方がある。また、それぞれにはフォアとバックの２種類がある（下図は右利きのプレーヤーを例にした場合のストローク６種類）。それぞれの特徴を覚えて、適切に使い分けてほしい。

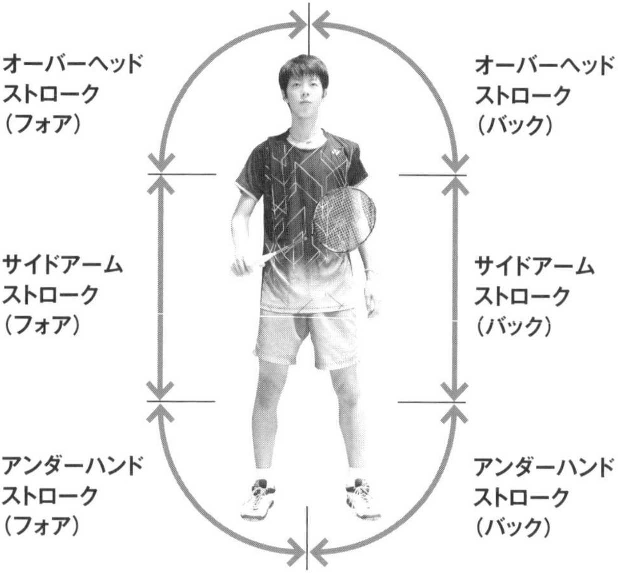

オーバーヘッドストローク

高く上がったシャトルを高い位置でとらえるストローク。強く角度のあるシャトルが飛ぶため、スマッシュなど勝負どころで効果を示す攻撃的なストロークである他、クリア、ドロップなどマッチの中で最も使う機会が多い

サイドアームストローク

身体の左右に飛んできたシャトルに対して、水平気味にラケットを振ってシャトルをとらえるストローク。マッチでは主にドライブと呼ばれるフライトで打つときに使われ、ラリーのつなぎ、または相手を崩すときに効果を示す

アンダーハンドストローク

低い位置に飛んできたシャトルに対して、下からすくい上げるようにラケットを振ってシャトルをとらえるストローク。相手のスマッシュを打ち返すスマッシュレシーブなど、シャトルを地面に着く前に打ち返すときに有効

第4章 02

グリップの握り方とフライトの種類

ラケットの握り方およびその名称とシャトルの飛び方の種類を覚えよう

ここでは、ラケットのグリップの握り方と、シャトルの飛び方によって異なるフライトの種類を紹介する。

グリップの握り方は、主にイースタングリップとウェスタングリップの２種類があるが、多くのショットに対応できて力強いストロークができるイースタングリップが主流で､バックハンドのときは握り方を少し変えて対応する(サムアップ)。下の写真を参照して覚えてほしい。また､右ページにあるフライトの種類も頭に入れておこう。

イースタングリップ

ラケットの面が床と垂直になった状態で、上から握手するようにグリップを握る。小指、薬指、中指の３本で握り、親指と人差し指は添える程度

バックハンドグリップ(サムアップ)

バックハンドで打つときは、イースタングリップの状態からラケットを手の中で右に回し、ラケット面と同じ向きに親指を立ててグリップを握る

豆 知 識

ウェスタングリップとは……

アメリカの東海岸と西海岸でよく使われたことが由来とされるイースタングリップとウェスタングリップ。現在の主流となっているイースタングリップに対して、ウェスタングリップは手首から真っ直ぐフライパンを握るようにグリップを握るため（左写真）、シャトルをストリングド・エリアに当てやすい。しかし指を利用したラケット操作が難しく、イースタングリップを覚えたい。

打ち方によるフライトの種類

クリアの軌道

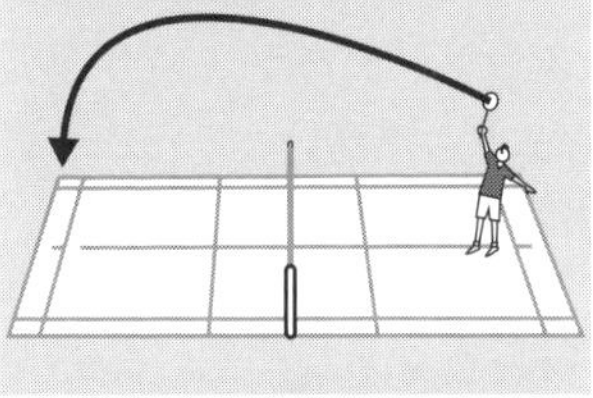

スマッシュの軌道

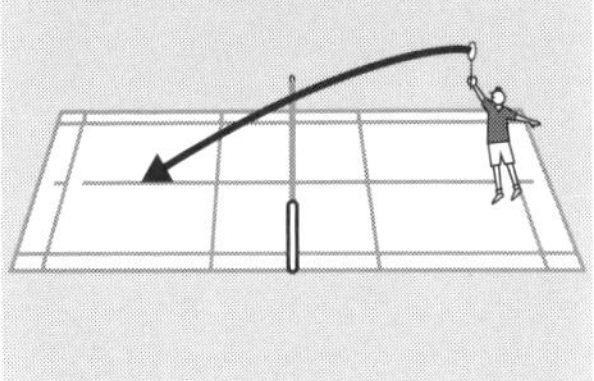

ドライブの軌道

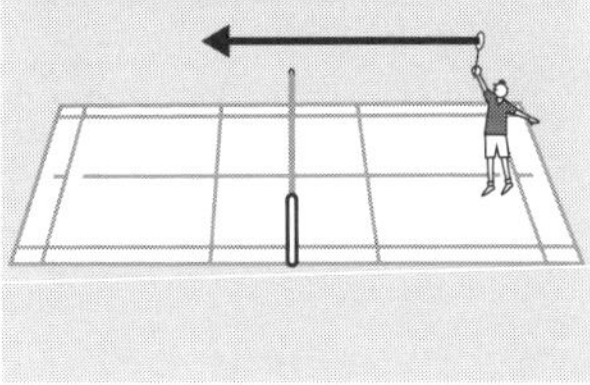

クリア
相手コートのバックバウンダリーライン付近にシャトルが飛ぶ

ドロップ
相手コートの前方、ショートサービスライン付近にシャトルが飛ぶ。打球の勢いを弱めて落とすような軌道

スマッシュ
高い位置から深い角度でコートの床面に向かって勢いよく飛ぶ。ラケットを鋭く振りきることで、シャトルスピードも上がり、得点の可能性が高くなる

ジャンピングスマッシュ
ジャンプしてスマッシュを打ったシャトルは、より高い位置から深い角度でコートの床面に向かって勢いよく飛ぶ。

ドライブ
シャトルがコートの床面と平行になるような軌道で飛ぶ。比較的スピードもあり、ラリーでよく使われる

プッシュ
相手コートの前方にシャトルが落ちるように飛ぶ。ネット付近で、飛んできたシャトルをバックスイングなしで押し出すようにして打たれたシャトルの軌道

ヘアピン
高さギリギリの軌道でネットを越え、急激に相手コートの前方ネット際にシャトルが落ちる

第4章 03

オーバーヘッドストローク ハイクリア

シャトルを高く遠くに打つことでその滞空時間を使って体勢を整える

クリアは、シャトルを高く遠くに打つことで滞空時間を確保できるテクニックだ。相手に攻め込まれたとき、その状況をはねのけ、その間に自らの体勢を整えたいときに効果を示す。その中でも、ハイクリアと呼ばれるテクニックは、ダブルスのロングサービスラインとバックバウンダリーラインの間に向かって、シャトルが高いところから弧を描きながら落ちる軌道が理想的とされる。

シャトルの落下地点に入ったら、構える

左手でバランスをとり、右ひじを引く

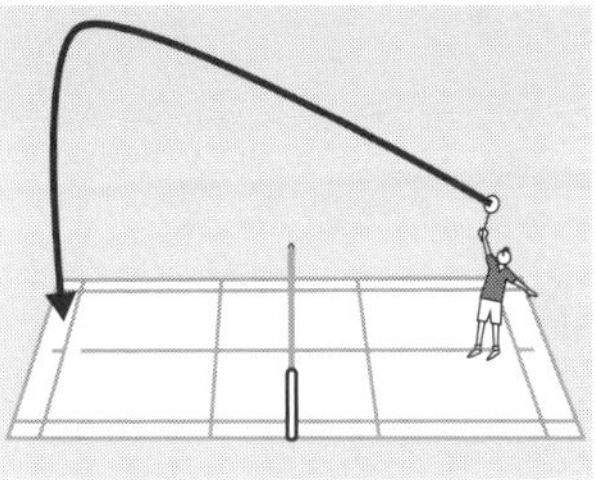

シャトルの軌道

相手コートの奥へ追いやることや、時間稼ぎが大きな目的であるため、シャトルを天井に向かって大きく高く遠くに打つことがポイント。理想は、ダブルスのロングサービスラインとバックバウンダリーラインの間に、シャトルが垂直に落ちるような軌道とされる。

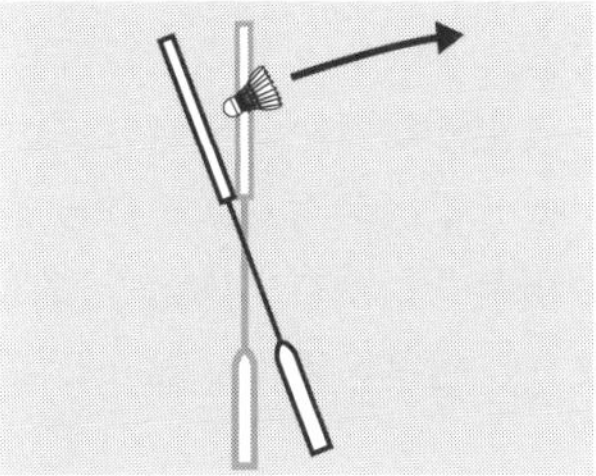

ラケット面の角度

ハイクリアでは、シャトルが当たるときのラケット面の角度が重要になる。左のように少し角度をつけ、シャトルが高く上がるように打つ。ただし、打点は「高く、前で」が基本。打点が身体の後ろ側にならないようにする。

軸足を右足から左足へ移してインパクト

勢いに乗り右脚を踏み出しフォロースルー

第4章 04

オーバーヘッドストローク
ドリブンクリア

ハイクリアより低く速いシャトルで相手をコートの奥に追い込む打ち方

ハイクリアと違って、攻撃的なクリアとされるのがドリブンクリアだ。ハイクリアより低く速いシャトルを打つことで、相手に十分な反応時間を与えずにコート奥側に追い込みたいときなどに使われる。従って、スペースを作って次の攻撃の準備をしたいときや相手を動かして体力を消耗させたいときに効果を示す。また、相手を素早く動かして体力を消耗させる効果もある。

シャトルの落下地点に入って半身で構える

右ひじを引いて、ラケットを振り出す

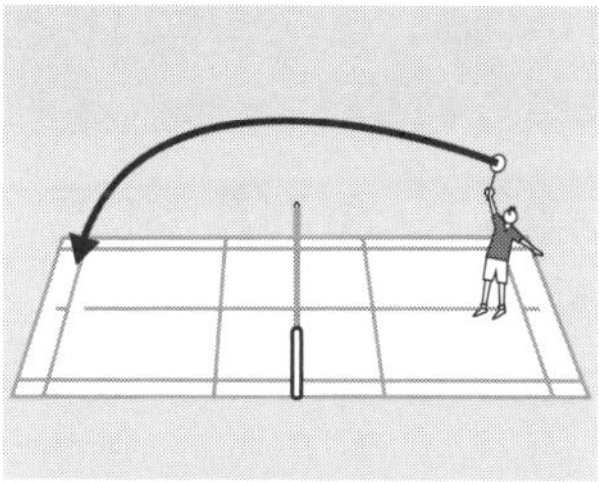

シャトルの軌道

天井に向かってシャトルを打つハイクリアと違い、ドリブンクリアではやや低めで速いシャトルを打つことがポイント。狙いどころはハイクリア同様、ダブルスのロングサービスラインとバックバウンダリーラインの間。

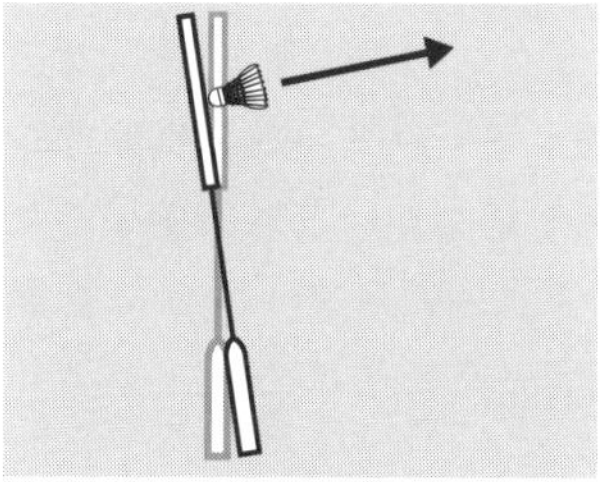

ラケット面の角度

シャトルが当たるときのラケット面の角度は、左のように垂直気味。ハイクリアよりラケット面の角度が深くないため、シャトルは低めの軌道となる。打点は前だが、体重を前移動させるように打つのがハイクリアとの違い。

頭上のなるべく高い打点でインパクトする

スピードに乗ってラケットを振り切る

第4章 05

オーバーヘッドストローク スマッシュ

高い打点から鋭角に速いシャトルを叩き込むため、得点機で効果を発揮

高い打点から、コートに対して鋭角に速いシャトルを叩き込むテクニックがスマッシュだ。あまいシャトルが上がってきたとき、全身の力を使ってシャトルを下に叩きつけるイメージで打つため、得点を決めたいときに効果的な打ち方とされる。男子トップクラスのスマッシュは初速400km ともいわれる。角度をつけるためにも、シャトルをより高くより前で打つことがポイントとなる。

右ひじを曲げ、右足に重心を移して構える

腰を捻り、肩、ひじ、ラケットの順で振る

スマッシュの狙いどころ

シングルスでは、ストレートで自分側のサイドライン、相手のボディ、クロスで遠い方のサイドラインを狙うのが基本。ダブルスでは、それぞれのプレーヤーの正面と、2人の間を狙うのが狙いどころとされる。

シングルス

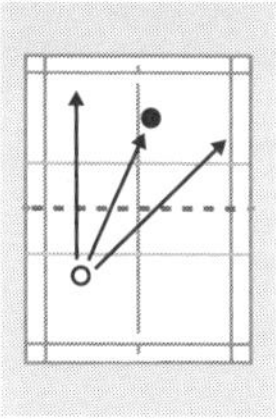

ダブルス

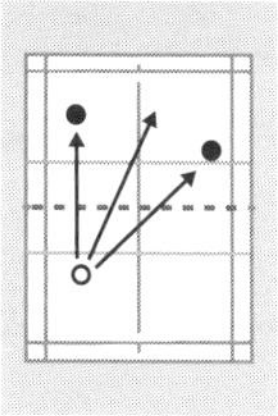

ラケット面の角度

シャトルが当たるときのラケット面は、左のように垂線よりも前側に倒した角度となる。この角度が深ければ深いほど、シャトルはコート面に向かって鋭角に飛ぶ。また、ネットぎりぎりを通過する軌道が理想的。

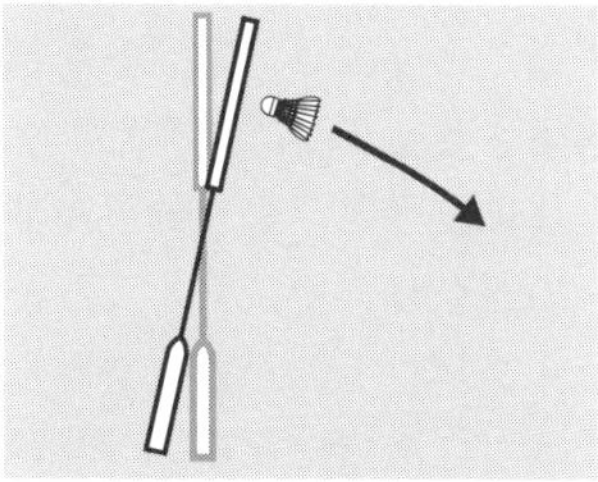

シャトルに全体重をかけてインパクトする

シャトルを追うようにフォロースルー

第4章 06

オーバーヘッドストローク ドロップ

ネットを越えたあと、シャトルを急激に落下させる高度なテクニック

　ドロップとは、ラケットを鋭く振りながらも、ラケット面でやわらかくシャトルを当てることにより、ネットを越えたあとにシャトルを急激に落下させるテクニックだ。クリアなどで相手を奥に動かした後に使うと、より効果が発揮される。ポイントは、フォームがクリアやスマッシュと同じであること。それだけに、インパクトのときにやわらかくシャトルをとらえるテクニックは高度になる。

シャトルの落下地点に入って半身で構える

インパクトの直前にタメを作るように振る

シングルス

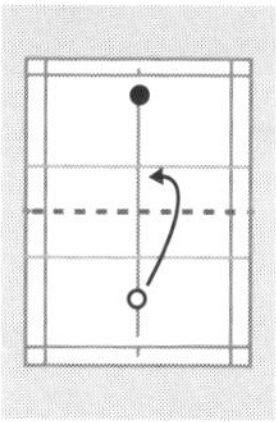

ダブルス

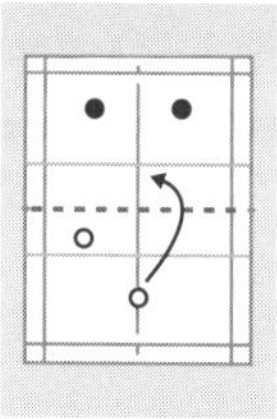

ドロップの狙いどころ

シングルスでは、相手がコートの奥側に構えているときに、相手コートの前方にシャトルが落下するように狙うと効果的。ダブルスでは、相手の陣形を崩したいときに効果を示す。

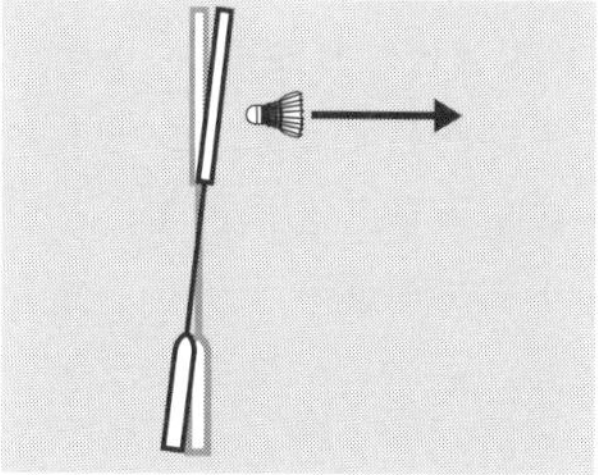

ラケット面の角度

シャトルが当たるときのラケット面は、左のように垂線よりもやや前側に倒れた角度となる。ちなみに、ラケットを斜めの方向からストロークして、正面でシャトルをとらえるとクロスのドロップを打つことができる。

前めに打点をとり、パワーを抑えて打つ

インパクトで力を抜いてフォロースルー

第4章 07

オーバーヘッドストローク カット

ラケットの面でこするようにしてシャトルの外側を打つテクニック

カットは、ドロップと同じようにシャトルを落とす打ち方だが、ドロップと比べてシャトルスピードが速い。ラケットの面でこするようにしてシャトルを打つため、シャトルに回転がかかり、素早くコートにシャトルを落とすことができる。通常のカットは、シャトルの外側をラケット面でこすって内側にシャトルを飛ばす。右利きの場合、ラケット面を右から左に回転させながら打つことになる。

シャトルの落下地点に入って半身で構える

腰をひねりながら、ラケットを振り出す

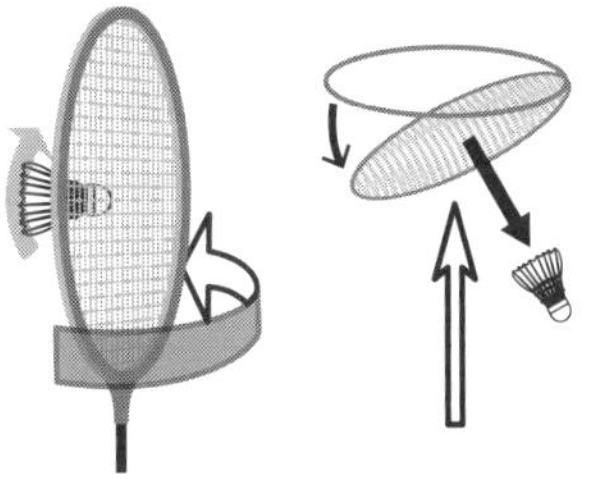

ラケット面の動き

インパクトのときは、ラケット面を内側に回転させながらシャトルの外側をこする。カットはオーバーヘッドストロークなので、右利きの場合、ストロークは右上から左下に向かってラケットを振り下すイメージ。

右利きの場合の軌道

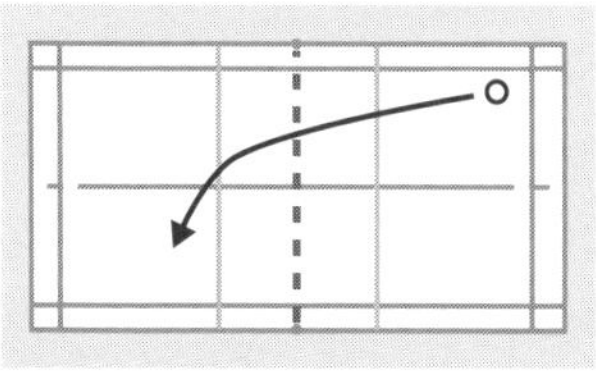

シャトルの方向

カットによって打たれたシャトルは、クロス方向に飛び、コート面に速く急激に落下する。つまりシャトルは、右利きの場合は左方向へ、左利きの場合は右方向へ軌道を描きながら飛び、コート面に落ちる。

ラケット面を内側に向けこするように打つ

インパクト後はしっかりフォロースルー

第4章
08
オーバーヘッドストローク
リバースカット

シャトル内側をラケット面でこすり
外側に向かってシャトルを飛ばす

前ページで紹介したカットと反対に、シャトルの内側をラケット面でこするように打って、外側にシャトルを飛ばす打ち方をリバースカットという。右利きの場合、ラケット面を左から右側に回転させながら（手首を外側に回転させながら）、シャトルの内側をこするように打つテクニックだ。シャトルを逆クロス方向に飛ばし、コート面に急激に落下させるため、やや高度なテクニックでもある。

シャトルの落下地点に入って半身で構える

力をため込みながら、ラケットを振り出す

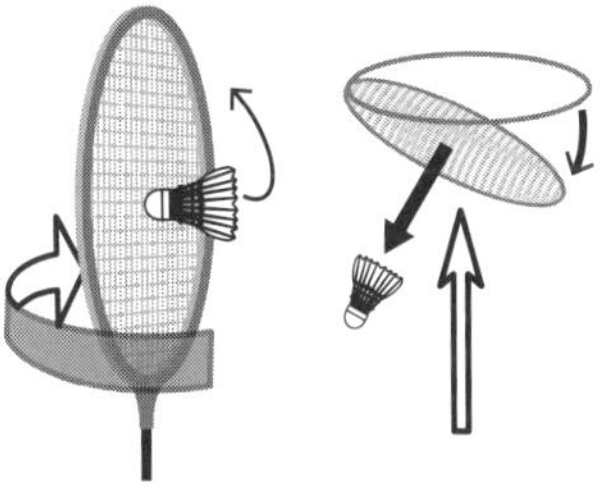

ラケット面の動き

インパクトのときは、ラケット面を外側に回転させながらシャトルの内側をこする。右利きの場合、ストロークは左上から右下に向かって、ラケットを振り下すイメージ。ラケットのヘッドを外側に回転させながらシャトルを打つ。

右利きの場合の軌道

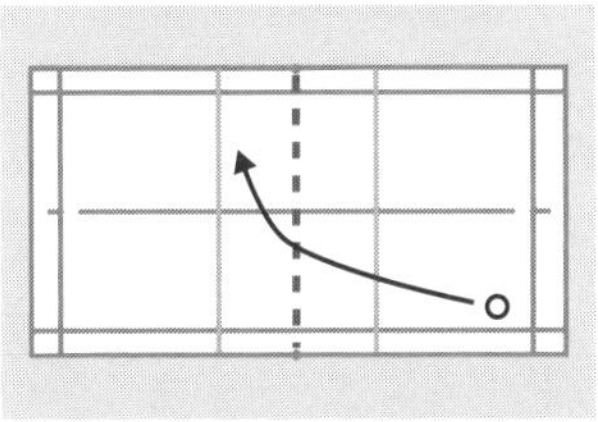

シャトルの方向

リバースカットによって打たれたシャトルは、逆クロス方向に飛び、コート面に速く急激に落下する。つまりシャトルは、右利きの場合は右方向へ、左利きの場合左右方向へ軌道を描きながら飛び、コート面に落ちる。

ラケット面を外側に向けこするように打つ

インパクト後は自然に腕を下ろすイメージ

第4章 09

オーバーヘッドストローク ラウンドザヘッドストローク

ラケットを頭上で旋回させるように シャトルをとらえて打つテクニック

ラケットを頭上で旋回させるようにして打つテクニックを、ラウンドザヘッドストロークという。このストロークでは、クリア、ドロップ、スマッシュを打つことができる。シャトルを打ち返すとき、オーバーヘッドストロークでは間に合わないときに有効で、ハイバックハンドストローク（P106 ～ 107 参照）と違って、相手と正対した状態で強くシャトルを打つことができるというメリットがある。

左手でバランスをとりながら、右腕を引く

上体をそらし右腕を回転させるように振る

シャトルをとらえる位置

ラウンドザヘッドストロークは、シャトルを身体の真横か、やや前でとらえるのが基本。また、インパクトのときは、バランスをとるために左手を上げて、右足を大きく開くことがポイントになる。

フォロースルー

ラウンドザヘッドストロークを使うとき、初心者は打った直後に体勢を崩してしまいがちだ。体勢を保つためには、着地する左足でしっかりと踏ん張り、上体を前に倒して身体が後ろに倒れないようにすること。

打点は左手の左側、やや前方でとらえる

身体が後ろに倒れないようにフォロースルー

第4章 10

オーバーヘッドストローク ハイバックハンドストローク

コートの後ろから相手に背を向けて バックハンドストロークで打ち返す

コートの後ろまで追い込まれた場合、できれば相手に身体を向けた状態でシャトルを打ち返したいところだが、どうしても間に合わないときがある。そんなときに有効なのが､ハイバックハンドストロークだ｡相手に背を向けてバックハンドで打ち返すため、ラウンドザヘッドストロークのように強く打つことはできないが、クリアなど守備範囲を広げるためには必要なテクニックだ。

相手に背を向けた体勢で、落下地点に入る

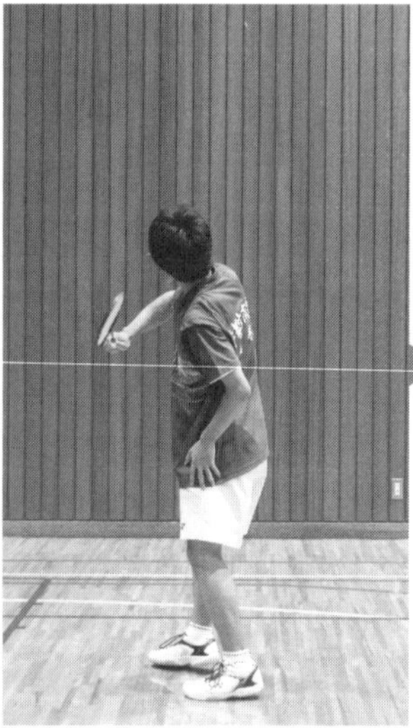

右ひじを持ち上げるようにラケットを振る

シャトルをとらえる位置

頭のやや右側の前方でシャトルをとらえるのが基本。グリップをサムアップの状態にして、ひじを完全に伸ばしきる前にインパクトしたい。初心者は無理に高い位置で打たず、低くても確実にシャトルを打つほうがいい。

フォロースルー

フォロースルーはコンパクトにとどめて、シャトルを打った反動でラケットがテイクバックした方向へ戻るイメージ。バランスを崩さずに次の動作へと素早く移るためにも、フォロースルーを大きくとる必要はない。

ひじを固定し相手に背を向けてインパクト

小さくフォロースルーをとる

第4章 11

サイドアームストローク ドライブ（フォア）

ラリーなどで、コート面と平行に速くて威力のあるシャトルを打つ

コート面と平行に、速くて威力のあるシャトルを打ちたいときに使われるのがドライブだ。ラリーにおける「つなぎ」の他、シングルスでは相手を揺さぶるとき、ダブルスでは至近距離でシャトルを打ち合うときなどに効果を示す。ここではサイドアームストロークのフォアハンドのドライブを紹介するが、もちろんオーバーヘッドストロークでもドライブを打つケースもあるので覚えておきたい。

ひじを曲げてラケットを立てながら構える

右ひじを引いて、ラケットを振り始める

ひじの使い方

ドライブで重要なポイントは、ひじの使い方だ。シャトルに対して、まずひじを最初に向かわせ、その次に手を振り出して、最後にラケットでインパクトするイメージになる。腕とラケットを、ムチのようにしならせて打つ。

シングルスの場合

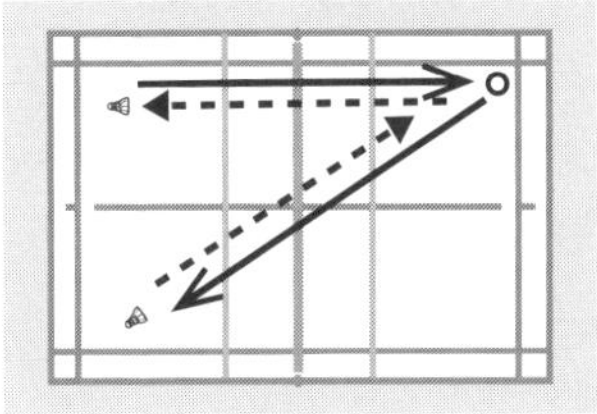

シャトルの方向

シングルスでスマッシュを打たれたとき、ドライブでシャトルを打ち返す場合は、ストレートスマッシュに対してはクロス方向、クロスのスマッシュに対してはストレート方向に打ち返すと、相手を揺さぶることができる。

インパクトの瞬間に前腕を回内して打つ

ラケットを振り抜くようにフォロースルー

第4章 12

サイドアームストローク ドライブ（バック）

打点が身体から遠いときはラケットを持っている側の足を前に出して打つ

ドライブをバックハンドで打つ場合、フォームに移るときにグリップをバックハンド用（P90 ～ 91）に握り直す必要がある。また、シャトルをとらえるときの足は、ラケットを持っている側の足を、ラケット方向に出すようにする。ただし、打点が身体に近い場合は反対側の足を前にして、身体を正面にして打つ。なお、バックハンドで打つドライブも、フォアと同じような軌道となる。

身体を左に捻りラケットを左後方に引く

右足で踏ん張り、腰を回しながら振る

フットワーク

バックハンドで打つときは、フットワークに気をつけたい。打点が身体に遠いときはラケットを持っている側の足を前に、打点が身体から近いときはラケットを持たない側の足を前に相手と正対する姿勢でシャトルをとらえる。

ダブルスの場合

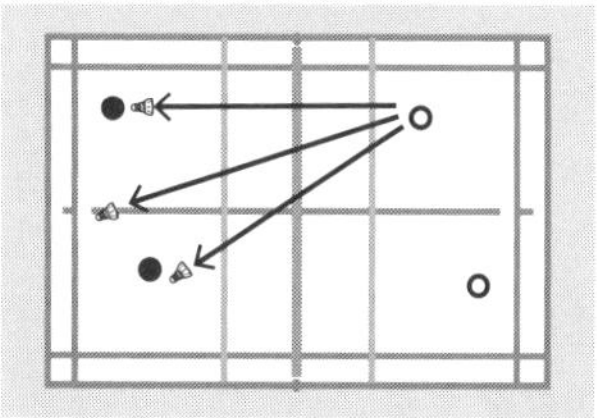

シャトルの方向

ダブルスでドライブを打つ場合、相手ペアが並んでいるときはペアの間または身体を狙うと効果的だ(左図)。また、相手が前後に並んでいるときは前衛のプレーヤーの横を狙って打ち、後衛のプレーヤーにシャトルを打たせたい。

ひじと手首が伸びきらないように打つ

ラケットを振り抜くようにフォロースルー

第4章 13

サイドアームストローク ヘアピン（フォア）

ネット付近に落とされたシャトルを相手のネット前に小さく返す打ち方

ネット際に落とされたシャトルを、相手のネット前に小さく返すストロークを、ヘアピンという。サイドアームストロークの応用テクニックで、シャトルの軌道がヘアピン（髪どめ）に似ていることから、このように呼ばれるようになった。シャトルの軌道は、できるだけネットをぎりぎりで越えるようにしたい。ぎりぎりであればあるほど相手がシャトルを打ち返しにくくなるからだ。

シャトルをとらえる位置

ヘアピンは、パワーやスピードをコントロールしながら打つため、高度なテクニックを要する。打点は、なるべく高い位置で、なるべく前方でとらえるほうが、シャトルの軌道をコントロールしやすくなる。

シングルスの場合

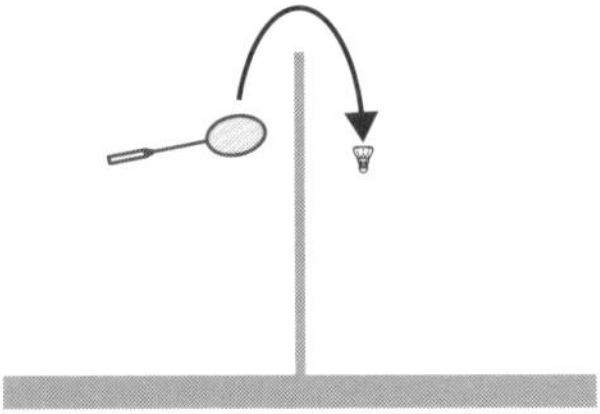

シャトルの軌道

シングルスの場合、相手のネット際にスペースが空いているケースが多い。よって、ヘアピンを打つときは、できるだけシャトルがぎりぎりでネットを越えて落ちるように打ち、軌道の頂点が自分側コートになるようにしたい。

右足を一歩踏み出しながら素早く落下地点に入る

インパクトするまでひじと手首を伸びきらせない

安定した姿勢でシャトルを当てるイメージで打つ

フォロースルーをとらず、素早く次の体勢に移る

第4章 14

サイドアームストローク ヘアピン（バック）

ヘアピンを打つときは手首を返さず シャトルを当てる程度の感覚で打つ

　ヘアピンをバックハンドで打つ場合は、シャトルがラケットのストリングド・エリアに当たる瞬間、シャトルの重みを感じる程度に当てるイメージでとらえたい。インパクトのときに手首を返してしまうと、シャトルが大きく跳ねてしまい、ネットをぎりぎりで越すような軌道は描けない。もちろんフォアハンドも同じで、シャトルの勢いを吸収しながら当てるイメージを持つことが重要になる。

シャトルをとらえる位置

　フォアハンドのヘアピンと同じように、バックハンドで打つ場合も、打点はなるべく高く、なるべく前方でとらえるようにしいたい。バックハンドは力加減がフォアよりも難しいので、繰り返し練習しよう。

ダブルスの場合

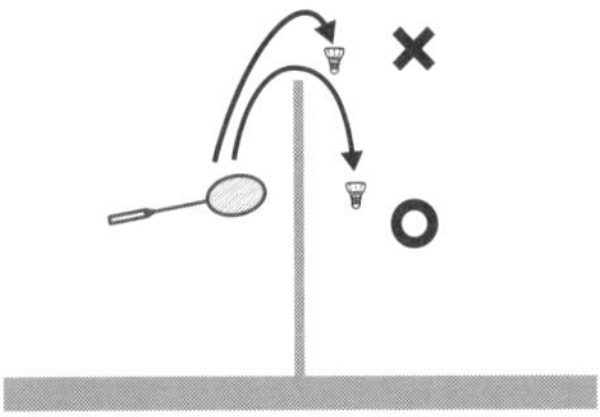

シャトルの軌道

　ダブルスの場合、相手のネット際には前衛のプレーヤーがいることが多い。そのため、シャトルが高く上がってしまうと相手の得点チャンスにつながってしまう。多少遠くに飛んでも、ネットぎりぎりを狙うことが重要になる。

右足を一歩踏み出しながら素早く落下地点に入る

インパクトするまでひじと手首を伸びきらせない

目線と同じ高さで当てるようにインパクトをする

打つときに手首を返さずフォロースルーもしない

第4章 15

アンダーハンドストローク（フォア）

ロブを打つときやサービスのときに使われる、腰下から打つストローク

コート面に近い位置でシャトルを拾うようにして打つときは、アンダーハンドストロークが有効だ。アンダーハンドストロークは、自分側のネット付近に落とされたシャトルを腰より下でとらえ、相手コートの奥まで高く大きく打ち返すロブと呼ばれるテクニックを使うとき、あるいはサービスのときにも使われる。ネット前でシャトルを打つときは、ヘアピンとの使い分けを工夫したい。

シャトルをとらえる位置

アンダーハンドストロークの打点は、前に出した足のひざよりも前の位置でシャトルをとらえる。また、ラケットは右斜め下から、左斜め上に振り抜くようなストロークを心掛ける（右利きプレーヤーの場合）。

フォロースルー

インパクトの瞬間に前腕を回内した後は、しっかりとフォロースルーをとることが重要になる。シャトルを追いかけるようなイメージで振り抜き、左肩のあたりまでフォロースルーをとる（右利きプレーヤーの場合）。

右足を一歩踏み出してシャトルの落下地点に入る

ひざと一緒にラケットを前に出してストローク

ラケットのヘッドを返す

フォロースルーは左肩のほうに斜めに振り上げる

第4章
16

アンダーハンドストローク（バック）

身体の軸をぶらさないように注意し手首を外に返しながら打つイメージ

バックハンドのアンダーハンドストロークは、フォアハンドと同様に、身体の軸をぶらさずに打つことがポイントになる。オーバーヘッドストロークやサイドアームストロークのように、肩を大きく回して上体のひねりを使おうとすると、バランスが崩れてうまく打てないので注意したい。また、ラケットを立てた状態からストロークを開始し、前腕を回外しながら打つことも重要になる。

右足を一歩踏み出して、落下地点に入る

ひじ、手、ラケットの順番で振る

シャトルをとらえる位置

打点は、フォアハンド同様、前に出した足のひざよりも前の位置になる。また、ストロークは斜め下から上に振り抜くが、そのときの角度を上向きにすればするほど、シャトルは高く上がって飛んでいく。

フォロースルー

インパクトのときにラケットヘッドを外側に返した後は、しっかりとフォロースルーをとる。バックハンドでは、親指でグリップを押しながら右斜め上に振り上げるようなイメージになる（右利きプレーヤーの場合）。

ラケットヘッドを外に回しながらインパクト

ラケットを立てるようにフォロースルー

第4章 17 スマッシュレシーブ

スマッシュを打ち込まれたときには
スマッシュレシーブで打ち返す

相手のスマッシュを返すときに使われるテクニックが、スマッシュレシーブだ（下の連続写真はフォアハンド）。スマッシュレシーブには、相手コートのネット際を狙うショートリターン、強く遠くへ返すドライブリターン、高く遠くへ返すロングリターンの３種類がある。シングルスでは主にショートリターンが、ダブルスでは前衛のプレーヤーの脇を打ち抜くドライブリターンが効果的とされる。

スマッシュに対して、構えの体勢をとる

素早く反応しラケットを手首で後ろに引く

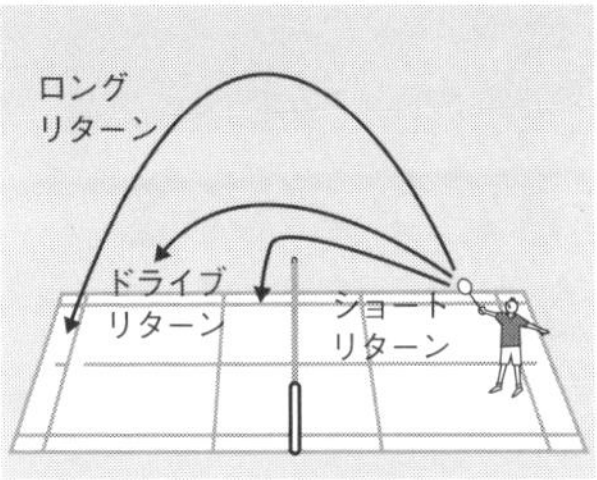

シャトルの軌道

スマッシュレシーブ３種類の軌道はそれぞれ異なっている。ショートリターンはネット際に、ドライブリターンは低い軌道でコートの奥へ、ロングリターンは高くコートの奥へ、それぞれシャトルが落ちていく軌道を描く。

ドライブリターン

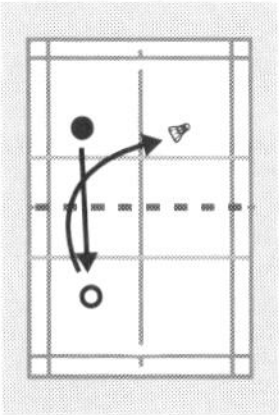

ショートリターン

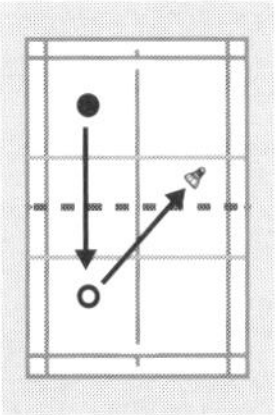

スマッシュレシーブの狙いどころ

たとえば相手が正面からスマッシュを真っ直ぐ打ってきたときは、クロス方向にドライブリターンで返すのが有効だ。あるいは､同じくクロス方向にショートリターンで返す方法も効果的だ。

シャトルを吸収するようなイメージで打つ

ラケットを押し出す程度でフォロースルー

第4章

18 プッシュ

正面に浮いて飛んできたシャトルを相手のコート面に向かって叩き込む

正面に浮いて飛んできたシャトルを、ネット際でとらえ、角度をつけて相手コートに叩き込む打ち方をプッシュという。もっとも得点になる可能性が高いとされるテクニックでもある。特にインパクトのときのラケット面の角度が重要で、角度をつければつけるほど、相手が打ち返しにくくなる。フォロースルーが大きすぎると、ラケットがネットに触れてフォルトとなるので注意したい。

コンパクトにテイクバックして構える

ひじ、手首、ラケットの順番で振る

シングルス

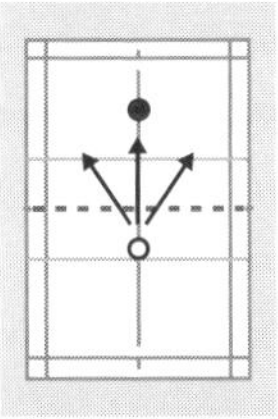

ダブルス

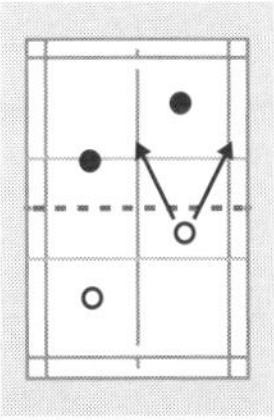

プッシュの狙いどころ

シングルスの場合、プッシュは相手の身体か両サイドを狙うと効果的だ。また、ダブルスの場合は相手ペアの間や両サイドを狙いたい。なお、サービスレシーブのときもプッシュを有効に使うこともできる。

ワイパーショット

ネット近くのシャトルをプッシュすると、ラケットがネットに触れてフォルトとなることがある。そんなときはプッシュの応用であるワイパーショットが有効だ。ラケットを右から左、左から右へと動かしながら打つテクニックだ。

自分よりも前でインパクトして叩き込む

小さくフォロースルーをとる

column

4

日本におけるバドミントンの歩みとオリンピックでの成績

日本で競技としてのバドミントンが広まったのは1919年以降、特に1930年代とされ、名古屋、大阪、神戸、横浜ＹＭＣＡにおける講習が大きなきっかけとなったといわれている。そして1946年には日本バドミントン協会が設立され、1947年に第１回全日本選手権大会を開催。その後、1952年にＩＢＦ（国際バドミントン連盟、現ＢＷＦの前身）に加盟した。

一方、1992年バルセロナ大会から正式種目となった夏季オリンピックでの日本の成績は、2008年北京大会で小椋久美子と潮田玲子のペアが女子ダブルスで５位入賞。それを皮切りに、2012年ロンドン大会で藤井瑞希と垣岩令佳のペアが女子ダブルスで銀メダル、2016年リオデジャネイロ大会では高橋礼華と松友美佐紀のペアが女子ダブルスで金メダル、奥原希望が女子シングルスで銅メダルをそれぞれ獲得した。そして2020年東京大会では、混合ダブルスで渡辺勇大と東野有紗のペアが銅メダルを獲得し、成長ぶりを改めて証明した。

第5章

審判の基本

第5章

01 バドミントンの審判員

バドミントンの審判員の構成とそれぞれの役割を覚えておこう

バドミントンの審判員は、レフェリー（競技役員長）、デピュティーレフェリー（競技審判部長）、競技審判副部長、主審、サービスジャッジ、線審で構成されている。この中で、レフェリー、デピュティーレフェリー、競技審判副部長は大会の運営を管理する役割を担い、マッチにおける判定は、主審、サービスジャッジ、線審によって行われる。

本章では、主審、サービスジャッジ、線審それぞれの役割とともに、正しい判断とマッチ進行を行うための基本を紹介するので、審判員を務めるときに役立ててほしい。

マッチにおいて、主審はとりわけ重要な役割を担っている

バドミントンの審判員の構成と主な役割

各審判員	主な役割
レフェリー（競技役員長）	大会の運営、管理を行い、主審、サービスジャッジ、線審を任命する。試合当日、試打をして試合用のシャトルを決める
デピュティーレフェリー（競技審判部長）	レフェリー（競技役員長）を補佐する
競技審判副部長	デピュティーレフェリー（競技審判部長）を補佐する
主審	マッチの判定、およびレフェリー（競技役員長）または大会責任者にそれを報告する
サービスジャッジ	サービスの判定。主審と協議し、他の任務を務めることがある
線審	担当ラインにおけるシャトルの落下地点を判断する。複数のラインを担当することもある

※競技役員長、競技審判部長、競技審判副部長の人数は、大会によって異なる

要チェックポイント

- ☆ **審判員は、その大会の出場競技者以外の第三者でなければならない**
- ☆ **審判員は、マッチはプレーヤーのためのものであることを旨として、それぞれの役割をまっとうする**
- ☆ **主審はレフェリー（競技役員長）、不在の場合は大会責任者に報告を行い、その指示に基づいて行動する**
- ☆ **サービスジャッジ、線審は、レフェリー（競技役員長）が任命する（しかし競技役員長自身の判断もしくは競技役員長と主審との協議により変更できる）**

第5章

02 審判員の人数と位置

マッチにおける各審判員の人数と それぞれのポジションを覚えよう

マッチにおける判定を行う審判員は、試合の進行と全体の判定を行う主審、サービスの判定を行うサービスジャッジ、ライン付近のシャトルの落下点を判定する線審によって構成される。主審とサービスジャッジは各1名が担当するが、線審は最大で10名が担当する（国際試合など）。しかし、大会規模やカテゴリーによっては線審の人数を6名、4名など、状況に応じて減らすことができる。

右ページでは、マッチにおける各審判員のポジションの例を紹介するので、合わせて覚えておこう。

大会によって、1名の線審が複数のラインを担当することがある

線審 10 人の場合のポジション

シングルス

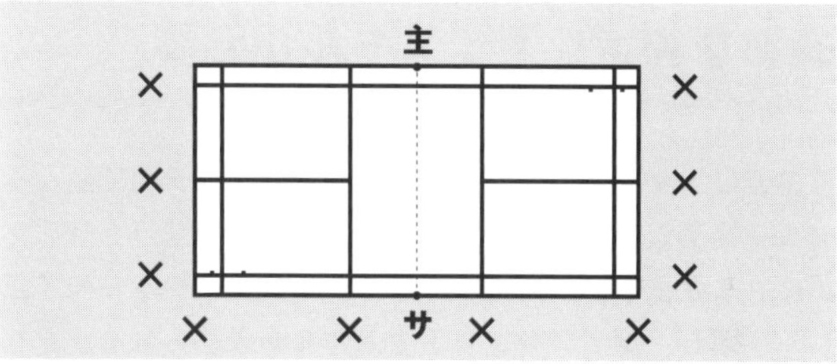

ダブルス

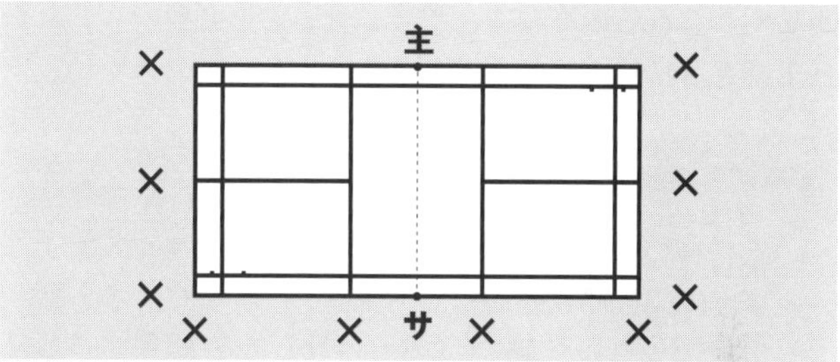

線審４人の場合のポジション

ダブルス

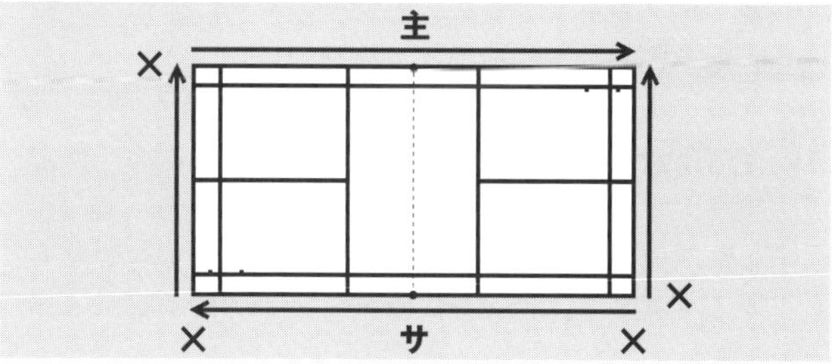

第5章

03 主審の役割

主審はルール全般を正しく理解し適切な判定を下すスキルが必要

主審は、マッチ中の判定のみならず、マッチ開始前からマッチ終了後まで、マッチ全体をスムーズに進行させるためにさまざまな役割を担っている。それだけにルールを正しく理解し、適切な判定を下すスキルが求められる。ときにはサービスジャッジや線審が判定できなかった場合の判断をすることもあるので、素早い判断力も必要だ。これから主審を目指す人は、そのことを頭に入れておきたい。

要チェックポイント

- ★ 審判員の判定は、その審判員の責任とするすべての事実に関して最終のものであるが、主審は、もし線審が明らかに間違ったコールをしたと確信する場合、線審の判定を変更することができる
- ★ もし線審の変更が必要な場合は、レフェリー（競技役員長）を呼ぶ
- ★ サービスジャッジや線審が判定できない場合、主審が判定する。主審も判定できない場合、「レット」をコールする
- ★ 主審はコートやその周辺で直接関係するものを管理する
- ★ 主審の権限は、マッチ開始前にコートに入ってからマッチ終了後にコートを離れるまで存在する

主審の心得

- バドミントン競技規則、大会運営規程、公認審判員規程に精通すること
- コールは迅速に、威厳をもって行うが、もし間違ったときはそれを認め、謝ったうえで訂正する
- すべてのアナウンスとスコアのコールは、プレーヤーおよび観客にはっきり聞こえるように、明瞭かつ大きな声で行うこと
- 判定について、決して観客に尋ねることはせず、観客の言動にも影響を受けてはならない
- 他の審判員の立場を尊重し、士気の高揚に努めること。

主審は、外部からの影響も受けずに、自分の判断によってジャッジを下す

主審の服装とマッチで使う主な道具

ここでは、マッチにおける主審の服装および道具の例を紹介する。ユニフォームは、世界バドミントン連盟、(公財)日本バドミントン協会など、管轄の違いによって異なる。審判資格を取得する際に、正しい服装を覚えてほしい。

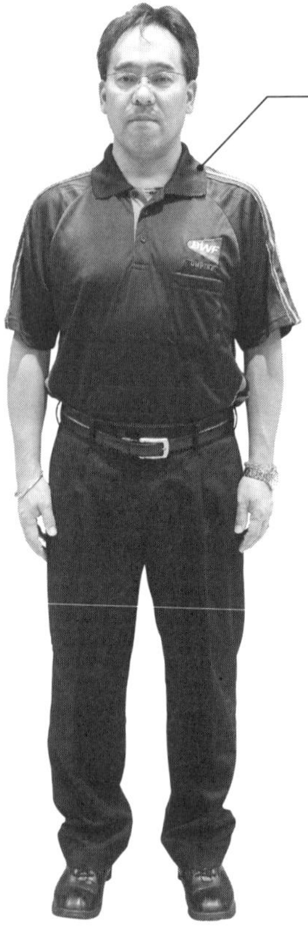

服装(ユニフォーム)

左の例は、世界バドミントン連盟（BWF）によって認められた国際審判員のユニフォーム。大会によってユニフォームの色やデザインが異なっている。基本的には黒系が望ましい

主審がマッチで使用する主な道具

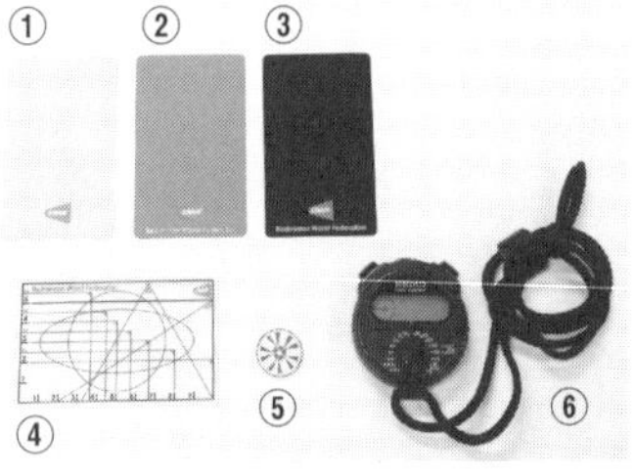

①イエローカード
②レッドカード
③ブラックカード
④スケール(プレーヤーの服装チェック用)
⑤トス用コイン
⑥ストップウォッチ

よりよい主審を目指すために

主審の役割は、単にラブオール・プレイ（マッチの開始）から 21 点までの点数を数えるだけではない。マッチが進行する中で起こるさまざまな事象に対して、速やかに、冷静に、判断する必要がある。

■汗拭きを認めるべきか
■汗などでコート面が濡れたとき、それを拭くべきか
■シャトルを交換すべきか
■プレーヤーがサービスやレシーブの体勢に入るのが遅いか
■サービス時にレシーバーが構えの体勢に入っていたか
■サービス時にレシーバーがサービスの前に動いたか
■レットにすべきか
■プレーヤーが怪我をしたとき、レフェリーを呼ぶべきか
■助言の範囲をどこまで見るか
■プレーヤーやコーチが暴言を吐いたとき、どうするか
■プレーヤーが線審のジャッジを惑わしたかどうか
■線審が判定できなかったときの判断
■インプレー中に、プレーヤーのラケットなどがネットの上を越えたか
■インプレー中に、プレーヤーの足などがネット下から出て、相手プレーヤーを妨害したか
■インプレー中に、プレーヤーのラケットや身体にシャトルが触れたか

主審が注意すべきポイント

- 練習中にコートの状態や線審の椅子の位置を確認すること
- 選手の服装チェックをすること
- サービス時に、サーバーの方だけを注視しないこと
- 線審のコールを繰り返さないこと
- シャトルがラケットに触れたあと、プレーヤーの後ろに飛んだときに「フォルト」とすぐにコールすること
- サービスフォルトが生じたとき、すぐに「サービスフォルト・コールド」とコールすること
- 正確にコールすること
- マッチ終了後、プレーヤーとの握手を心掛けること など

第5章 04

サービスジャッジの役割

サービスジャッジは正しくサービスされたかを判定する

サービスジャッジは、主審と反対側のポストの横で低い椅子に座り、サーバーが正しいサービスを行ったかどうかを判定する役割を担う。従って、それ以外のジャッジを行うことはない。正しくなければ「フォルト」と大きな声でコールし、決められた合図でフォルトの種類を示さなければならないので、合図を覚えておく必要がある。

なお、もしサーバーが見づらい場合は、上体を倒したり、座っている椅子の位置を見やすい位置まで移動したりすることもできるので、覚えておいてほしい。

サービスジャッジは、正しくサービスが行われたかをジャッジする役割を担っている

サービスジャッジの合図

サービスジャッジがサービスのフォルトをコールするとき、フォルトの種類を示す合図を行う必要がある。合図は５種類あるので、P 166 ～ 170 で紹介している合図をしっかり頭に入れて正しいジャッジを行ってほしい。

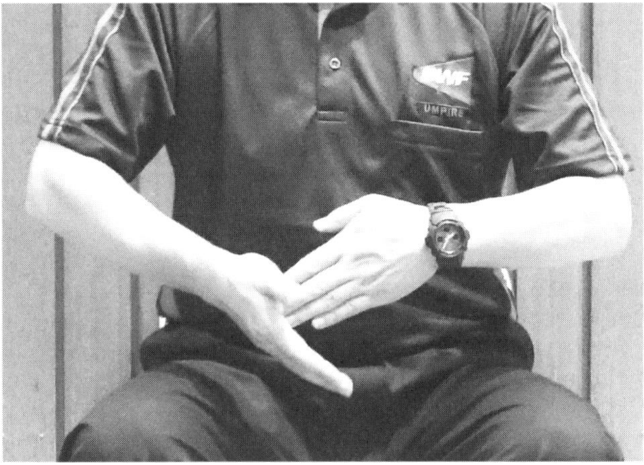

サービスのとき、ラケットでシャトル台を打っていなかったときのフォルトの合図

サービスジャッジが注意すべきポイント

- マッチの前にネットの高さを計測すること
- サービスでフォルトが生じたとき、大きな声ではっきり「フォルト」とコールすること
- シャトル交換時に、主審が許可する前にプレーヤーに新しいシャトルを渡さないこと
- シャトルを筒（シャトル入れ）から出してポスト付近に並べないこと

第5章

05 線審の役割

線審は、自分が担当するラインのインかアウトかの判定のみを行う

線審は、それぞれ担当するラインの延長線上のコート周辺で、椅子に座ってジャッジを行う（人数や位置は P128 ～ 129 参照）。原則としてコートの境界線から 2.5 ～ 3.5m 離れた位置が望ましいが、狭い環境では適切な距離に位置してほしい。また、1人につき1ラインが望ましいが、1人が複数のラインを担当することもある。

担当ラインについての全責任を負うものの、明らかに線審が間違った判定をしたと主審が判断した場合、主審は線審の判定を変更することがあることも覚えておこう。

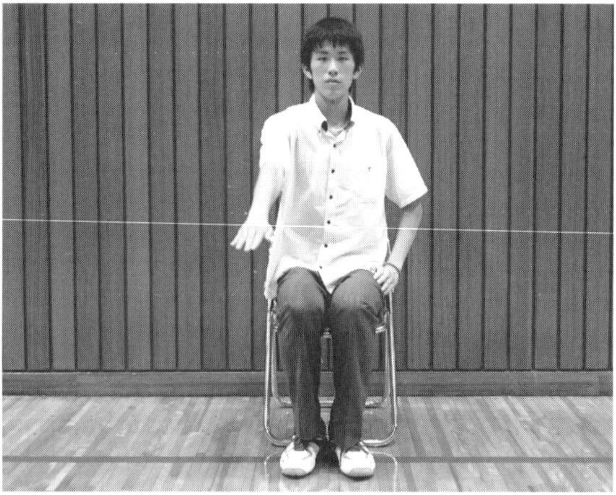

線審は、自分が担当するラインにおけるインかアウトかの判定のみをジャッジする

線審の合図

線審は、「イン」、「アウト」、「見えない」という３種類のいずれかの合図を行うので覚えておこう（P169 ～ 170参照）。シャトルがコート面に落ちたとき、別の線審がアウトを合図しても、自分の担当ラインでインだった場合はインの合図を行うことを忘れないようにしよう。

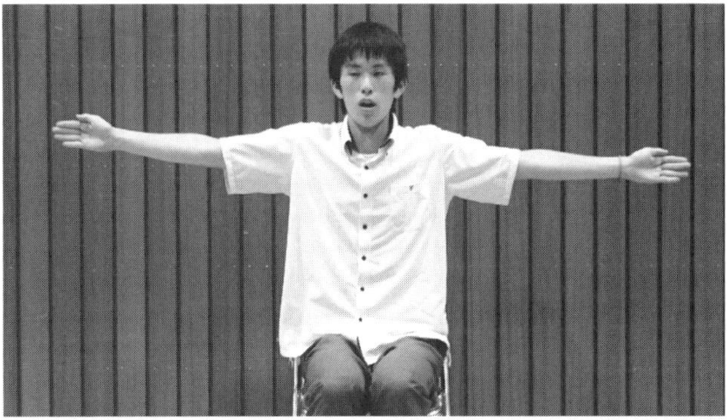

担当ラインの外にシャトルが落下したとき、「アウト」とコールして合図を行う

線審が注意すべきポイント

- シャトルがコート面に触れるまでは、コールや合図をしないこと
- コールは大きな声で行うこと
- 合図は、主審の確認がとれるまで続けること
- 合図は、水平に手を挙げて、大きなジェスチャーで行うこと
- 「イン」のときは合図のみで、コールはしないこと
- 「イン」のとき、左手で合図をしないこと

第5章

06 マッチ開始前

主審がマッチ開始前に行うことを順番に整理して頭に入れておこう

ここでは、試合開始前に主審が行うことを紹介するので、右ページの表と合わせて覚えておいてほしい。

まず、マッチの前に主審は大会本部でスコアシートを受け取って、プレーヤーおよび服装確認を行ってからコートに向かう。コートに着いたら、トスを行う。その際、サービスジャッジがネットの高さを確認するが、サービスジャッジが不在の場合はトス後に主審が計測してから席に着くこと。プレーヤーの練習が規定時間内に終わるように、シャトルを渡して試合開始のコールをする。

主審は、審判台の席に座る前に最初のサービスを決めるトスを行う

主審が試合開始前に行うこと

①レフェリー（競技役員長）からスコアシートを受け取る
②使用される得点表示装置の機能が正常かどうかを確認する
③ポストがダブルスのサイドライン上にあるかを確認する
④ネットの高さを点検し、ネットの両側とポストの間に隙間がないかを確認する
⑤シャトルが障害物に当たったときの会場ルールが設けられているかどうかを確認する
⑥サービスジャッジおよび線審が、その任務を承知しているか、また正しく位置しているかどうかを確認する
⑦プレーの遅延を避けるため、検査されたシャトルがマッチのために十分に用意されているかどうかを確認する[※1]
⑧プレーヤーの服装が大会規程に沿っているかどうかを点検し、違反のないようにする[※2]
⑨トスを正しく行い、エンドの選択結果を書き留める
⑩ダブルスの場合は、右サービスコートでゲームを開始するプレーヤー（最初のサーバーとレシーバー）の名前の欄に印を付ける。また、各ゲームの始めに同様の印を付ける[※3]

※１＝サービスジャッジがいるときは、③④⑦の任務をサービスジャッジに任せる
※２＝違反はマッチ開始前（不可能な場合は終了直後）にレフェリーに報告する
※３＝試合中、プレーヤーが正しいサービスコートにいるかどうかを確認するため

第5章

07 マッチ開始後

マッチ開始後に注意することとマッチ中のコールを覚えておこう

主審は、マッチ開始の準備が整ったら、マッチ開始を告げるコールを行う（P39 参照）。そして、マッチが開始されたら、下にある点に注意しながら、判定およびマッチの進行を適切に行うこと。

また、右ページではマッチの進行中に使用する主な主審のコールを紹介しているので、覚えておいてほしい（すべての審判のコールは P157 ～ 164 に掲載）。

要チェックポイント

★ マッチ中、競技規則に定められた審判用語を使用する

★ スコアを記録し、コールする。そして、常にサービングサイドのスコアを先にコールする

★ サービスのとき、サービスジャッジが任命されているときは、レシーバーを特に注目する。必要なら、主審も、サーバーのサービスフォルトをコールしてもよい

★ 得点表示装置の状態にできる限り注意を払う

★ レフェリー（競技役員長）の助けが必要な場合、右手を頭上に挙げる

★ プレーヤーが「チャレンジ」を求めたとき、左手を頭上に挙げる（国際試合）

マッチ中に使用される主なコール

コール	使用状況
サービスオーバー	どちらかがラリーに負け、サービスを続ける権利を失ったとき※1
プレー	①マッチやゲームの開始、インターバル後、エンドを替えた後にゲームを続けるとき ②プレー中断の後の再開 ③プレーヤーにプレーを再開させる指示を出すとき
フォルト	フォルトが生じたとき
インターバル	11点目のラリーが終了した後、スコアを告げた後に
ゲームポイント	どちらかのサイドが20点になったとき
マッチポイント	どちらかのサイドがマッチを決めるゲームで20点になったとき（29点の場合もある）
ゲーム	それぞれのゲームで、最後のラリーが終了したとき

※１＝続いて新しいサービングサイドのスコアを先にコールする

第5章

08 ラインの判定

シャトルがライン付近に落ちる際 主審は常に線審に注目すること

主審は、マッチ中にシャトルがライン付近に落下したときは、シャトルの行方のみならず、常に線審に注目しなければならない。これは、シャトルがラインから遠く離れた場所に落下した場合も同様だ。

また、もし線審が明らかに間違った判定をしたと主審が判断した場合は、下の表で紹介しているコールを、それぞれの状況に従って行う必要があるので、ぜひ覚えておいてほしい。

主審がラインの判定を行うときのコール

コール	使用状況
コレクション、イン	主審の判断で、線審が明らかに間違った判定をした場合で、シャトルが「イン」のとき
コレクション、アウト	主審の判断で、線審が明らかに間違った判定をした場合で、シャトルが「アウト」のとき
アウト	線審不在、または線審が判定不可能の場合で、シャトルがコート外に落ちたとき※1
レット	線審不在、または線審が判定不可能の場合で、主審も判定できなかったとき

※1＝続いてスコアをコール。シャトルがコート内に落ちたときはスコアのみをコール

第5章 09

プレーヤーがコートから離れること

プレーヤーはインターバルを除いて主審の許可なくコートを離れられない

主審は、インターバル中を除き、プレーヤーが主審の許可なくコートを離れないように留意してマッチを進行する必要がある（もしプレーヤーがコートを離れる場合は、主審に申し出て許可をもらう必要がある）。もし許可なくプレーヤーがコートを離れた場合は、違反に対する処置を適用する（注意、警告、フォルト、失格など）。

また、プレーが中断しない範囲であれば、主審の判断により、プレーヤーは素早いタオルの使用（汗拭き）や給水が許可されることがあるので、覚えておこう。

主審の判断により、プレーヤーは素早い汗拭きや給水が認められる

第5章 10

コート外からのアドバイス

主審は、マッチ中はプレーヤーのコーチの言動にも注意を払うこと

主審は、インプレー中に、プレーヤーがコート外からいかなる類のアドバイスを受けてはいけないことを覚えておこう。マッチ中はプレーヤーのコーチの言動にも注意を払い、もしコーチによりプレーが混乱させられたり、相手プレーヤーの注意がそらされたりしていると判断した場合、主審はレットをコールする。そのうえですぐにレフェリー（競技役員長）を呼び、レフェリー（競技役員長）がそのコーチに警告を告げる。再発した場合、レフェリー（競技役員長）はコーチを退場させるなど、適切な処置を行う。

インターバル中であれば、プレーヤーはコーチからアドバイスを受けることができる

コーチは、シャトルがインプレーのとき、プレーヤーにアドバイスをしてはいけない

プレーヤーのコーチが注意すること

- **コーチは、マッチにふさわしい服装で臨むこと**
- **コーチは、インターバルを除き、指定された椅子に着席し、コート付近に立っていてはいけない**
- **コーチが他のコートに移動したいときは、必ずシャトルがインプレーではないときに移動すること**
- **コーチがプレーヤーの注意をそらしたり、プレーを混乱させたりしてはいけない**
- **コーチは、マッチ中、相手プレーヤーやコーチ、チーム役員などにいかなる方法でも連絡してはいけない**
- **連絡をとるために、携帯電話、パソコン、それと同類の機器をマッチ中に使用してはいけない**

第5章

11 シャトルの交換

シャトルの交換は、公平を期して主審が必要かどうかを決定する

マッチ中のシャトルの交換は、不公平であってはならない。従って、主審がシャトルの交換が必要かどうかを決定する。

原則として、スピードや飛び方が変えられたシャトルは使用してはならない。もしプレーヤーがそのようなシャトルを使用した場合、主審が必要だと判断すれば違反に対する処置を行う（注意、警告、フォルト、失格など）。

また、使用シャトルのスピードを決める唯一の決定者はレフェリー(競技役員長)であることも覚えておこう。従って、もし両サイドがシャトルスピードの変更を望んだ場合は、主審は直ちにレフェリー（競技役員長）を呼び、もし必要ならシャトルのスピードテストを行う。

主審のコール

シャトルの交換のときに使用される審判用語を覚えておこう

「シャトルを交換してください
（チェンジ・ザ・シャトル）」
'Change the shuttle'

「シャトルを交換しないでください
（ドゥ・ノット・チェンジ・ザ・シャトル）」
'Do not change the shuttle'

第5章

12 マッチ中の怪我・病気

主審は、マッチ中の怪我や病気を慎重かつ適切に処置すること

マッチ中のプレーヤーの怪我や病気は、慎重かつ適切に処置をするために、主審はこの問題についてできるだけ迅速な判断を下す必要がある。また、必要であればレフェリー（競技役員長）を呼ぶ。状況がよくない場合は適切なタイミングでプレーヤーに棄権するかどうかを尋ね、プレーヤーがそれを肯定したときは「棄権」を宣告し、マッチを終了させる。

要チェックポイント

- ★ **医療役員やその他の人をコートに呼ぶかどうかの判断は、レフェリー（競技役員長）に委ねられる**
- ★ **医療役員は、プレーヤーを診察し、プレーヤーに怪我や病気の様子を知らせる。ただし、プレーの不当な遅延を引き起こす医療処置は認められない**
- ★ **出血がある場合、止血するまで、あるいは傷が保護されるまで、レフェリー（競技役員長）はマッチの再開を遅らせる**
- ★ **レフェリー（競技役員長）は、プレーを再開するまでに必要と思われる時間を主審に指示する。そのために主審は経過時間をチェックする**
- ★ **怪我や病気、その他のやむを得ない支障が生じた場合、適切なタイミングで「棄権しますか？」とプレーヤーに尋ねる**

第5章

13 不品行な振る舞い

主審は不品行な振る舞いについて記録し、競技役員長に報告する

主審は、P82 ～ 83 で紹介したマッチ中におけるプレーヤーの不品行な振舞いについて、その内容と処置をスコアシートの余白部分などに記録し、レフェリー（競技役員長）に報告しなければならない。

なお、これらすべての不品行な振舞いは、たとえインターバル中であっても、ゲーム中と同様に処理することを覚えておいてほしい。また、警告、フォルト、失格それぞれの主審の対応については、右ページで紹介しているのでしっかり頭に入れておこう。

カードを提示するときは、そのプレーヤーを呼び寄せてから行う

警告、フォルト、失格における主審の対応

警告  **イエローカード**	主審は、違反したサイドのプレーヤーに「カム・ヒア（こちらに来てください）」といって呼び寄せ、「プレーヤー名、ウォーニング・フォー・ミスコンダクト（警告）」とコールし、それと同時に右手にイエローカードを持ち、それを頭上に挙げる
フォルト  **レッドカード**	一度警告を受けたあとに再び違反したサイドをフォルトにするときは、そのプレーヤーに「カム・ヒア（こちらに来てください）」といって呼び寄せ、「プレーヤー名、フォルト・フォー・ミスコンダクト（フォルト）」とコールし、それと同時に右手にレッドカードを持ち、それを頭上に挙げる
失格  **ブラックカード**	違反がはなはだしく、またはそれを続けた場合、上記のフォルトの対応を行ったうえでレフェリー（競技役員長）を呼ぶ。レフェリー（競技役員長）がその違反したサイドの失格を決めた場合、レフェリー（競技役員長）から主審にブラックカードが渡され、主審は違反したサイドのプレーヤーに「カム・ヒア（こちらに来てください）」といって呼び寄せ、「プレーヤー・チーム名、ディスクオリファイド・フォー・ミスコンダクト（失格）」とコールし、それと同時に右手にブラックカードを持ち、それを頭上に挙げる

豆知識　プレーヤーが失格となるまでの流れ

不品行な振る舞いがはなはだしく、繰り返された場合は、まず主審がレフェリー（競技役員長）を呼び、報告を受けたレフェリー（競技役員長）がプレーヤーの様子をしばらく観察するのが一般的だ。そのうえで、レフェリー（競技役員長）はそのプレーヤーを失格とするかどうかを決定する。なお、失格となったプレーヤーは同一大会でエントリーしているすべての種目で失格となる。

第5章

14 プレーの中断

マッチを中断する際はスコアなどを再開後のために正確に記録しておく

主審は、マッチ中に「地震が発生した」、「照明が消えた」といった不測の事態が起こったときや、「屋内の空気を換気する」とき、あるいはその他の理由でプレーを中断する必要があると判断したとき、「プレー・イズ・サスペンディド（プレーを中断します）」とコールして、マッチを中断させる。そして、中断後に正しくマッチを再開するために、そのときのスコア、サーバー、レシーバー、正しいサービスコートとエンドを記録しておくこと。

プレーを再開するときは中断時間を書き留め、両サイドのプレーヤーが正しいポジションをとっているかを確かめて「アー・ユー・レディ（準備はいいですか）？」とコールし、続いてスコア、そして「プレー」とコールする。

主審のコール

プレーを中断するときに使用される審判用語を覚えておこう

「プレー・イズ・サスペンディド
（プレーを中断します）」
'Play is suspended'

15 マッチの終了

試合時間、使用シャトルの数などが記載されたスコアシートを提出する

主審は、マッチが終了したとき、まず「ゲーム」とコールする。その後、プレーヤーまたはペア同士がお互いの健闘を称え合って握手をかわし、さらに主審およびサービスジャッジともそれぞれ握手をかわすのが慣例となっている。その後、主審がマッチの結果を告げるコールを行ってから、プレーヤー、審判団がコートから退場してマッチがすべて終了する。

主審は、試合時間、使用シャトルの数、勝者のサインなどが記載されたスコアシートを大会本部に提出する。

プレーヤー同士の握手の後、プレーヤーは主審やサービスジャッジとも握手をかわす

第5章

16 審判員の資格

審判員を本格的に目指したい人は協会公認審判員資格を取得しよう

ここでは、これからバドミントンの審判員を本格的に目指そうと考えている人のために、公益財団法人日本バドミントン協会（以下、協会）の公認審判員制度を紹介する。

協会が公認する審判員の資格は、１級、２級、３級、準３級という４種類に区分されており、いずれの資格も、協会の会員登録を済ませた人で、なおかつ各級別の審判員資格検定会で所定の成績を修めた人が、それぞれの資格を与えられることになっている。詳細は右ページで紹介しているので、確認してほしい（2016 年 9 月現在）。

バドミントンの公認審判員になるためには、審判員の資格を取得する必要がある

協会公認審判員資格の種類と条件

資格	公認レフェリーの規定	合格者資格申請料
1級	２級審判員資格登録者が、協会主催の第１種大会またはそれに準ずる地区大会（地区とは各ブロックをいう）において、資格取得後５大会70試合以上審判を経験※1した者か、もしくは資格取得後２年以上を経過した者で、当該の都道府県協会長または本会加盟団体（以下全国８連盟と称す）会長の推薦があり、本会主催の審判員資格検定会に合格した者とする	4,000円（税別）
2級	２級審判員は、３級審判員資格登録者が、地区大会、第１種大会の都道府県予選会または各都道府県大会において、資格取得後５大会70試合以上審判を経験※1した者か、もしくは、資格取得後２年以上を経過した者で、当該の都道府県協会長または全国８連盟会長の推薦があり、地区審判委員会が主催する審判員資格検定会に合格した者とする	3,000円（税別）
3級	３級審判員、準３級審判員（満18歳までの者）は、各都道府県協会または全国８連盟が主催する審判員資格検定会に合格した者とする	2,000円（税別）
準3級		1,000円（税別）※2

※１＝公認審判員資格証明手帳にそれが明記されていなければならない
※２＝申請年度のみ収める費用（18歳または高校卒業年度まで有効の資格料）

審判員がその資格を失うケース

①審判員資格登録の更新をしないとき※1
②本会で失格が適当と認めたとき
③各加盟団体より資格抹消の手続きがなされたとき
④本会の会員でなくなったとき※2

※１＝審判員資格登録を更新しなかった場合、失効していた更新回数分の資格登録料と支払っていない年度の本会会員費、及び再取得費「各級の取得時の資格認定申請料（３級 2,000 円・２級 3,000 円・１級 4,000 円）税別」を支払うことで再取得を認める
※２＝本会の会員でなくなったとき、支払っていない年度の本会会員費を支払うことで再取得を認める

資格登録の期限と資格登録料

資格	登録の期限	資格登録料
1級	5年間	15,000円（税別）
2級	3年間	7,500円（税別）

※その他、資格登録料など詳細については協会に確認すること

資格	登録の期限	資格登録料
3級	3年間	5,000円（税別）
準3級	満18歳になった翌年度中に、所定の手続きを完了すれば、検定試験を受けることなく、３級審判員となり資格登録ができる※	

審判員資格検定会

審判員資格の受験者は、学科試験に合格した後、実技試験である審判員資格検定会に参加し、合格する必要がある。下にその内容を紹介するが、年度によって変更もあるので、詳細は協会のホームページなどで確認しよう。

資格	検定会の内容
1級	受験者が学科試験に合格した後、協会主催大会またはそれに準ずる地区大会において実技試験を行う （1）学科試験は、バドミントンに関する実践問題、競技規則、大会運営規程及び公認審判員規程に関する問題とし、本会で定めた基準に達した者を合格とする （2）実技試験は、規則、コール、態度、運営とし、本会で定めた基準に達した者を合格とする
2級	受験者が学科試験に合格した後、地区大会または都道府県大会において実技試験を行う （1）学科試験は、バドミントンに関する常識問題、実践問題、競技規則、大会運営規程及び公認審判員規程に関する問題とし、本会で定めた基準に達した者を合格とする。 （2）実技試験は、規則、コール、態度、運営とし、本会で定めた基準に達した者を合格とする
3級 準3級	受験者が学科試験に合格した後、都道府県大会において実技試験を行う （1）学科試験は、バドミントンに関する常識問題、競技規則、大会運営規程及び公認審判員規程に関する問題とし、本会で定めた基準に達した者を合格とする （2）実技試験は、規則、コール、態度、ラインの判定、運営とし、本会で定めた基準に達した者を合格とする

公認レフェリー資格

審判員資格を取得した人で、さらにレフェリー（競技役員長）を目指したい人は、協会公認のレフェリー資格を取得する必要がある。資格は、公認A級レフェリーと公認B級レフェリーがあるが、資格取得を希望する人は年齢が満45歳以上で、1級公認審判員資格取得者かつ取得後5年以上の審判経験を積んでいなければならない。その他、詳しい条件や手続きなどは、協会で確認しよう。

国際審判員資格

オリンピックなど、国際試合で審判員（主審、サービスジャッジ、線審）を務めるためには、国際審判員資格を取得しなければならない。下の図は、ＢＷＦ（国際バドミントン連盟）、ＢＡ（バドミントンアジア）がそれぞれ公認する国際審判員の資格だ。国際審判員資格を目指す人は、まず下の図にある「ＢＡ認定国際審判員」資格の取得から始めることになる（ＢＷＦ公認国際線審の資格は、協会が推薦し、ＢＷＦに認定された人が取得できる）。審判員で頂点を極めたい人は、チャレンジしてみよう。

国際審判員資格制度

BWF公認国際レフェリー

▲

BWF認定国際レフェリー

▲

BA公認国際レフェリー

▲

BA認定国際レフェリー

BWF公認国際審判員

▲

BWF認定国際審判員

▲

BA公認国際審判員

▲

BA認定国際審判員

BWF公認国際線審

審判用語

※印については BWF（国際バドミントン連盟）の国際大会のみの使用

マッチ（試合）を始める前

着衣に関して（Clothing）

「着衣を点検してもよろしいですね」	“Let me check the clothing.”
「シャツの名前が大き過ぎます」	“Your name on the shirt is too big.”
「シャツの名前が小さ過ぎます」	“Your name on the shirt is too small.”
※「シャツの名前がBWFのデータベースのものと一緒ではありません」	“The name on the shirt is not the same as the name in the BWF database.”
「シャツに名前は必須です」	“Your name is mandatory on the shirt.”
※「名前はシャツの上部になければなりません」	“The name must be near the top of the shirt.”
※「シャツの所属名は必須です」	“The Member name is mandatory on the shirt.”
「シャツの所属名が大き過ぎます」	“The Member name on the shirt is too big.”
「シャツの所属名が小さ過ぎます」	“The Member name on the shirt is too small.”
「シャツの広告が許可された数より多いです」	“You have more adverts on the shirt than is allowed.”
「広告が大き過ぎます」	“The advert is too big.”
※「あなたの所属の広告はBWFに登録されていません」	“The Member Association advert is not registered with BWF.”
※「パートナーと同じ色の着衣を着なければなりません」	“You must wear the same color clothing as your partner.”
※「ほかの色付き着衣を持っていますか？」	“Do you have any other color of clothing?”
※「あなたはその色付き着衣を着替えなくてはなりません」	“You have to change your color of clothing.”
※「もしシャツを着替えないなら、罰金を払わなければなりません」	“If you do not change your shirt, you will be fined”
「シャツとのレタリングの色は、そのシャツの色と対照的な色でなければなりません」	“The lettering on the shirt must be in a contrasting color to the color of the shirt.”
「背面のレタリングは一色でなくてはいけません」	“The lettering on the shirt must be in a single color.”
※「背面のレタリングは大文字でなくてはいけません」	“The lettering on the shirt must be in capital letters.”

※「背面のレタリングはローマ字でなくてはいけません」	"The Lettering on the shirt must be in the Roman alphabet."
※「レタリングの順序が違います」	"The lettering sequence is wrong."
※「広告をテープで隠して着用することは認められません」	"Taping is not allowed."

トス（Toss）

「トスをするのでここに来てください」	“Come here for the toss.”
「あなたがトスに勝ちました」	“You won the toss.”
「トスのどちらを選びますか？」	“What do you choose?”
「誰がサーブしますか？」	“Who will serve?”
「エンドを選んでください」	“Choose your end.”
「誰がレシーブしますか？」	“Who will receive?”
「相手が最初のレシーブを選んだので、最初にサーブする」	“Come here for the toss.”
「あなたがトスに勝ちました」	“You won the toss.”
「トスのどちらを選びますか？」	“What do you choose?”
「誰がサーブしますか？」	“Who will serve?”
「エンドを選んでください」	“Choose your end.”
「誰がレシーブしますか？」	“Who will receive?”
「相手が最初のレシーブを選んだので、最初にサーブすることになります」	“The opponent(s) chose to receive first, so you will serve first.”
「相手が最初のサーブを選んだので、最初にレシーブすることになります」	“The opponent(s) chose to serve first, so you will receive first.”
「相手が最初にエンドを選びました。最初にサーブをしますか、レシーブをしますか？」	“The opponent(s) chose ends. Do you wish to serve or receive first?”

その他（Others）

「携帯電話のスイッチを切ってください」	“Switch off your mobile phone.”
「バッグをきちんとバスケットの中に入れてください」	“Place your bag properly in the basket.”
「マッチ（試合）開始の準備をしてください」	“Ready to play.”

マッチ（試合）の開始

●シングルス個人戦

「レイディース　アンド　ジェントルメン」
「オンマイライト○○さん、△△（チーム名）、 オンマイレフト●●さん、▲▲（チーム名）」
（言いながら右、左を指し、○○さんがサーバーの場合）
「○○さん、トゥサーブ、ラブオール、プレー」

“Ladies and Gentlemen ; on my right,‘ ○○, △△ ’; and on my left,‘ ●●, ▲▲ ’.
‘ ○○ 'to serve ; love all ; play.”

●シングルス団体戦

「レイディース　アンド　ジェントルメン」
「オンマイライト△△（チーム名）、レプリゼンティッド バイ ○○さん、オンマイレフト▲▲（チーム名）、レプリゼンティッド バイ●●さん」
（言いながら右、左を指し、△△がサービングサイドの場合）
「△△ トゥサーブ、ラブオール、プレー」

“Ladies and Gentlemen ; on my right,‘ △△ ’, represented by‘ ○○ ';and on my left,‘ ▲▲ ’, represented by‘ ●● ’.
‘ △△ ’ to serve ; love all ; play.”

●ダブルス個人戦

「レイディース　アンド　ジェントルメン」
「オンマイライト○○さん、△△（チーム名）、◎◎さん、▽▽（チーム名）、オンマイレフト●●さん、▲▲（チーム名）、◆◆さん、▼▼（チーム名）」
（言いながら右、左を指し、○○さんがサーバーで、●●さんがレシーバーの場合）
「○○さん トゥサーブトゥ ●●さん、ラブオール、プレー」

“Ladies and Gentlemen ; on my right,‘ ○○, △△ 'and‘ ◎◎, ▽▽ ';and on my left,‘ ●●, ▲▲ 'and‘ ◆◆, ▼▼ ';
‘ ○○ 'to serve to‘ ●● '; love all play.”
（ダブルスの場合、パートナー同士が同じ所属の場合、所属名はダブルスペア２人の名前の後に一度だけアナウンスすればよい）

●ダブルス団体戦

「レイディース　アンド　ジェントルメン」
「オンマイライト△△（チーム名）、レプリゼンティッドバイ○○さん、◎◎さん、オンマイレフト▲▲（チーム名）、レプリゼンティッド バイ●●さん、◆◆さん」
（言いながら右、左を指し、△△がサービングサイドで、○○さんがサーバー、●●さんがレシーバーの場合）
「△△トゥサーブ、○○さん トゥー●●さん、ラブオール、プレー」

“Ladies and Gentlemen ; on my right,‘ △△ ’, represented by ‘ ○○ 'and‘ ◎◎ ';and on my left,‘ ▲▲ ’, represented by‘ ●● 'and‘ ◆◆ ’.
‘ △△ 'to serve ;‘ ○○ 'to‘ ●● '; love all play.”‘ △△ 'to serve ;‘ ○○ 'to‘ ●● ';
love all play.”

●**第2ゲームを開始するために主審は次のようにコールする**

「セカンドゲーム　ラブオール、プレー」
"Second game, love all; play."
（もし、インターバル中にフォルトが与えられなければ）

「ファイナルゲーム　ラブオール、プレー」
"Final game, love all; play."
（もし、インターバル中にフォルトが与えられなければ）

マッチ（試合）中

マッチ（試合）の進行中、フォルト等（Progress of Match, faults）

「サービスオーバー」	“Service over.”
「フォルト」	“Fault.”
「レット」	“Let.”
「アウト」	“Out.”
「インターバル」	“Interval.”
「レットにします」	“Play a let.”
「チェンジエンズ」	“Change ends.”
「エンドを替えませんでした」	“You did not change ends.”
「コート（コート番号、もし複数のコートを使用している場合）20 秒」	“Court… (number, if more than one court is used) 20 seconds.”
「ゲームポイント…」例「20 ゲームポイント 6」または「29 ゲームポイント 28」	“‘…game point…e.g.‘20 game point 6’, or‘29 game point 28’”
「マッチポイント…」例「20 マッチポイント 8」または「29 マッチポイント 28」	“‘…match point…e.g.‘20 match point 8’, or‘29 match point 28’”
「ゲームポイントオール…」例「29 ゲームポイントオール」	“‘…game point all’…e.g.‘29 game point all’”
「マッチポイントオール…」例「29 マッチポイントオール」	“‘…match point all’…e.g.‘29 match point all’”
「サービスジャッジ、合図をしてください」	“Service Judge – signal, please.”
「ネットより相手側でシャトルを打ちました」	“You hit the shuttle on your opponent's side of the net.”
「シャトルがあなたの身体に触れました」	“The shuttle touched you.”
「ネットに触れました」	“You touched the net.”
「ポストに触れました」	“You touched the post.”
「シャトルがコートに入ってきました」	“A shuttle came on the court.”
「シャトルで注意をそらされていません」	“The shuttle did not distract you.”
「相手を妨害しました」	“You obstructed your opponent.”
「故意に相手の注意をそらしました」	“You deliberately distracted your opponent.”
「2回連続してシャトルを打ちました」	“You hit the shuttle twice.”
「ラケット上でシャトルを保持しました」	“You slung the shuttle.”
「相手のコートを侵しました」	“You invaded your opponent's court.”

サーブ / レシーブ（Serving/Receiving）

「右サービスコートです」	"Right service court."
「左サービスコートです」	"Left service court."
「サービスでシャトルを打ちそこないました」	"You missed the shuttle during service."
「レシーバーの態勢が整う前にサーブをしてはいけません」	"Don't serve before the receiver is ready."
「レシーバーの態勢が整っていませんでした」	"The receiver was not ready."
「サーバーの態勢が整っていませんでした」	"The server was not ready."
「パートナーの態勢が整っていませんでした」	"Your partner was not ready."
「相手の態勢が整っていませんでした」	"Your opponent was not ready."
「サービスを返そうとしました」	"You attempted to return the service."
「間違ったサービスコートからサーブしました」	"You served from the wrong service court."
「サービスの順番を間違えました」	"You served out of turn."
「レシーブの順番を間違えました」	"You received out of turn."
「サービスでレシーバーの視界をさえぎりました」	"You blocked the receiver's view of the shuttle during service."
「あなたとあなたのパートーナーの両方がシャトルを打ちました」	"Both you and your partner hit the shuttle."

≪シャトルの交換（Shuttle change）

「シャトルは OK ですか？」	"Is the shuttle OK?"
「シャトルを交換してください」	"Change the shuttle."
「シャトルを交換しないでください」	"Do not change the shuttle."
「シャトルを相手に返しなさい」	"Return the shuttle."
「シャトルを交換するときは主審の許可をもらわなくてはいけません」	"You must ask me for permission to change the shuttle."
「シャトルを試打してください」	"Test the shuttle."
「シャトルを試打しないでください」	"Do not test the shuttle."
「IRS（インスタントレビューシステム）は使われています。チャレンジできます」	"The IRS is now working, challenges can be made."

線審のコール /IRS（インスタントレビューシステム）（Line Calls/IRS）

「線審、合図してください」	"Line Judge – signal, please."
「シャトルが「イン」なのをはっきりと見ました」	"I clearly saw the shuttle land in."
「シャトルが「アウト」なのをはっきりと見ました」	"I clearly saw the shuttle land out."
「線審は、正しいコールをしました」	"The Line Judge made a correct call."
「コレクション、イン」	"Correction IN."
「コレクション、アウト」	"Correction OUT."
「線審は見えませんでした」	"Unsighted."　＊旧 "Line Judge unsighted."
「すぐにチャレンジしませんでした」	"You did not challenge immediately."
「…（プレーヤー名）チャレンジーズ、コールド〔イン〕」	"…（name of player）challenges, Called〔IN〕."
「…（プレーヤー名）チャレンジーズ、コールド〔アウト〕」	"…（name of player）challenges, Called〔OUT〕."
「ノーディシジョン（判定不可能）」	"The IRS result was' No decision'."
「チャレンジ　アンサクセスフル（チャレンジ失敗）」	"No challenge remaining."
「ワンチャレンジ　リメイニング（チャレンジがもう1回残っています）」	"Challenge unsuccessful."
「ノーチャレンジーズ　リメイニング（チャレンジは残っていません）」	"No challenges remaining."
「IRS（インスタントレビューシステム）は使われていません。チャレンジはできません」	"The IRS is not working, no challenges can be made."
「IRS（インスタントレビューシステム）は使われています。チャレンジできます」	"The IRS is now working, challenges can be made."

審判員へ影響を与える行為（influencing TO）

「サービスジャッジに影響を与えようとしました」	"You tried to influence the Service Judge."
「線審に影響を与えようとしました」	"You tried to influence the Line Judge."
「線審に影響を及ぼしてはいけません」	"You must not influence the Line Judge."
「サービスジャッジに影響を及ぼしてはいけません」	"You must not influence the Service Judge."

コーチング（Coaching）

「コーチ、椅子に戻りなさい」	“Coach(es), return to your chair(s).”
「コーチが相手の注意をそらしました」	“Your coach distracted your opponent.”
「コーチが相手のプレーを混乱させました」	“Your coach disrupted play.”
「コーチ（指導）を要求してはいけません」	“Do not seek coaching.”
「ラリー中はコーチ（指導）をしてはいけません」	“Do not coach during rally.”

けが（Injury）

「大丈夫ですか？」	“Are you OK?”
「プレーを継続できますか？」	“Can you play on?”
「医師が必要ですか？」	“Do you need the doctor?”
「アーユーリタイアリング（棄権しますか）？」	“Are you retiring?”
「プレーイズサスペンディッド（プレーを中断します）」	“Play is suspended.”
「準備はいいですか？」	“Are you ready?”

モップ掛け（Mopping）

「コートを拭いてください」	“Wipe the court, please.”
「コートのどこを拭くか教えてください」	“Show where to wipe the court.”
「コートを拭くのに足を使いなさい」	“Use your foot to wipe the court.”
「汗を投げてはいけません」	“No sweat throwing.”
「故意に倒れてはいけません」	“Do not fall intentionally.”

プレーの継続（Continuous Play）

「オンコート」	“On court.”
「遅らせないようにしなさい」	“No delay.”
「プレー」	“Play.”
「プレーを続けなさい」	“Play on.”
「今すぐプレーしなさい」	“Play now.”
「プレーは継続されなければなりません」	“Play must be continuous.”
「プレーヤーはコートに戻ってください」	“Players, back on court.”
「プレーヤー（プレーヤー名）はコートに戻りなさい」	“…（name of player）, back on court.”
「もっと早く準備しなさい」	“Get ready quicker.”
「素早いタオルだけなら許可します」	“Quick towel only.”
「素早い給水なら許可します」	“Quick drink only.”
「サービスの遅延行為です。プレーは継続されなければなりません」	“Service delayed, play must be continuous.”

不品行な振舞い（Misconduct）

「こちらに来てください」	“Come here.”
「相手に対して拳（こぶし）を挙げてはいけません」	“Do not raise your fist towards your opponent(s).”
「相手に対して叫び声をあげてはいけません」	“Do not shout at your opponent.”
「全力を尽くしなさい」	“You must use your best effort.”
「はしゃがず、握手をしてください」	“You must shake hands before celebrating.”
「…（プレーヤー名）」「ウォーニング フォー ミスコンダクト（警告）」	“…（name of player）, warning for misconduct.”
「…（プレーヤー名）」「フォルト フォー ミスコンダクト（フォルト）」	“…（name of player）, fault for misconduct.
「…（プレーヤー名）」「ディスクオリファイド フォー ミスコンダクト（失格）」	“…（name of player）, disqualified for misconduct.

その他（Others）

「スコアボードが作動していません」	"The scoreboard is not working."
※「新しいシャツは、オリジナルのシャツ（着替える前）と同じ色で、近いデザインでなくてはなりません」	"Your new shirt must be of the same color and similar design to your original shirt."
「きちんとシャトルを相手に返しなさい」	"Return the shuttle properly."

サービスフォルトのコールの説明

「サービスフォルトコールド、トゥハイ」	"Service fault called, too high."
「サービスフォルトコールド、シャフト」（代替サービス法を使用する場合）	"Service fault called, shaft."
「サービスフォルトコールド、フット」	"Service fault called, foot."
「サービスフォルトコールド、コンテニュアス モーション」	"Service fault called, continuous motion."
「サービスフォルトコールド、ベイスオブシャトル」	"Service fault called, base of shuttle."
「サービスフォルトコールド、アンデューディレイ」	"Service fault called, undue delay."
「サービスフォルトコールド、フライト」	"Service fault called, flight."
「サービスフォルトコールド、シャトルミスト」	"Service fault called, shuttle missed."
「サービスフォルトコールド、レシーバーフォルトコールド　プレーアレット」	"Service fault called, receiver fault called, play a let."
「フォルトレシーバー、フット」	"Fault receiver, foot."
「フォルトサーバー、フット」	"Fault server, foot."
「フォルトレシーバー、アンデューディレイ」	"Fault receiver, undue delay."
「フォルトサーバー、アンデューディレイ」	"Fault server, undue delay."

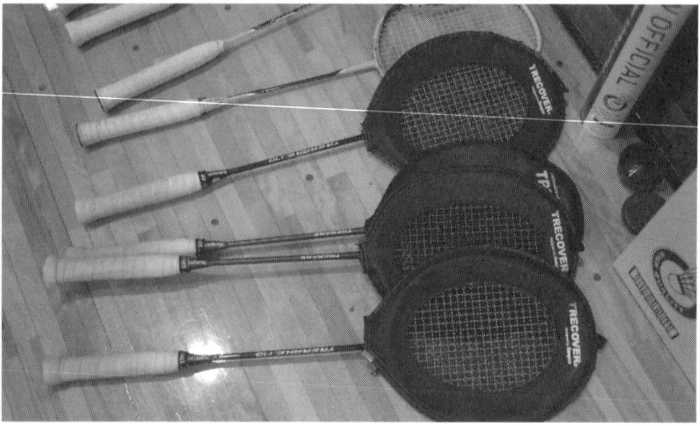

「警告」と「フォルト」の説明

「ラケットで不穏当な行為をしました」	"Racket abuse."
「危険行為につながるラケットの投げ方をしました」	"You threw the racket dangerously."
「不適切な言葉を使いました」	"Verbal abuse."
「容認できない言葉を使いました」	"You used unacceptable language."
「相手に対して叫び声をあげました」	"You shouted at your opponent."
「相手に対して拳（こぶし）を挙げました」	"You raised your fist in the direction of your opponent."
「サービスジャッジに影響を与えようとしました」	"You tried to influence the Service Judge."
「線審に影響を与えようとしました」	"You tried to influence the Line Judge."
「シャトルを故意に破損しました」	"Shuttle Abuse."
「故意にシャトルに手を加えてスピードを変えてはいけません」	"You interfered with the speed of the shuttle."
「身体的な嫌がらせ行為をしてはいけません」	"Physical Abuse."
「故意に用器具を破損しました」	"Equipment abuse."
「広告ボードを蹴りました」	"You kicked the A-board."
「ネットを叩きました」	"You hit the net."
「椅子を叩きました」	"You hit the chair."
「バスケットを叩きました」	"You hit the equipment box."
「サービス高測定器を叩きました」	"You hit the service measuring device."
「遅延行為です」	"Delay."
「サービスを遅らせました」	"You delayed the service."
「主審の指示に従いませんでした」	"You refused to follow my instruction."
「プレーを続けようとしませんでした」	"You refused to play on."
「主審の許可なしにコートを離れました」	"You left the court without permission."
「スポーツマンらしくない振舞いです」	"Unsportsmanlike conduct."
「相手を不快にさせる行為です」	"You made an obscene gesture."
「スポーツマンらしくないやりかたではしゃぎました」	"You celebrated in an unsportsmanlike manner."
「携帯電話が鳴りました」	"Your mobile phone rang."

マッチ（試合）の終了

「ゲーム」	"Game."
「ファーストゲーム　ワンバイ　〔プレーヤー名　または団体戦の場合は所属名：チーム名、国名〕〔スコア〕」	"First game won by"………."〔name(s) of player(s), or Member（in a Team Tournament)〕…..'（score）"
「セカンドゲーム　ワンバイ　〔プレーヤー名　または団体戦の場合は所属名：チーム名、国名〕〔スコア〕」	"Se cond game won by"………." 〔name (s) of player (s) , or Member（in a Team Tournament)〕…..'（score）"
「ワンゲーム　オール」	"One game all."
「マッチ　ワンバイ　〔プレーヤー名　または団体戦の場合は所属名：チーム名、国名〕〔全スコア〕」	"Match won by"………." 〔name(s) of player(s), or Member（in a Team Tournament)〕…..'（score）"
「……〔プレーヤー名〕」「リタイアド（棄権）」「マッチ　ワンバイ〔プレーヤー名　または団体戦の場合は所属名：チーム名、国名〕〔全スコア〕」	"…..'（name of player）retired, Match won by"………." 〔name(s) of players(s),or Member(in a Team Tournament)〕…. .'（scores）"
「……〔プレーヤー名〕」「ディスクオリファイド（失格）」「マッチ　ワンバイ　〔プレーヤー名　または団体戦の場合は所属名：チーム名、チーム名〕〔全スコア〕」	"…..'（name of player）disqualified, Match won by"………." 〔name(s) of player(s), or Member（in a Team Tournament)〕…..'（scores）"

審判員の合図

レフェリーを呼ぶ（主審）

右手を真っ直ぐ伸ばして挙げる

チャレンジ（主審）

左手を真っ直ぐ伸ばして挙げる

サービスのフォルト①（サービスジャッジ）

サーバーがラケットの前方への動きを中断したとき（右腕を右から左に振る）

サービスのフォルト②（サービスジャッジ）

サーバーまたはレシーバーの足がラインに触れたとき、または両足の一部分がコート面に接していないとき

サービスのフォルト③（サービスジャッジ）

サーバーのラケットで最初にシャトルの台を打っていなかったとき

サービスのフォルト④（サービスジャッジ）

シャトル全体がコート面から 1.15m より下でなかったとき

サービスのフォルト⑤（サービスジャッジ）

新しい合図（2022 年から採用予定）

サーバーがサービスをしようとして、シャトルを打ちそこなったとき

サービスのフォルト⑥（サービスジャッジ）

サーバーの持つラケットのシャフトがシャトルを打つ瞬間に下向きでなかったとき(代替サービス法第９条第１項②)

アウト（線審）

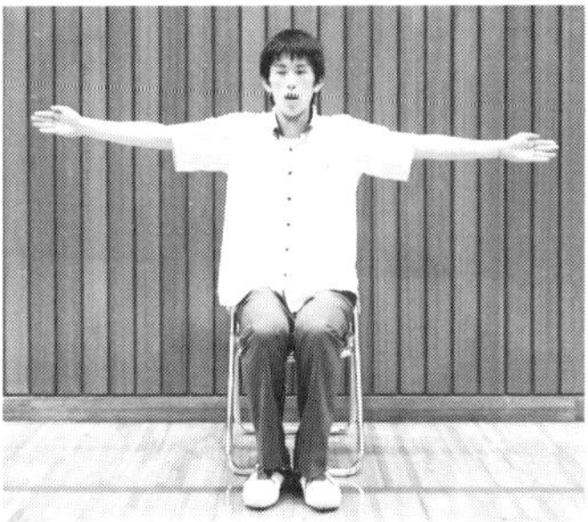

シャトルがコート外に落ちたとき

イン（線審）

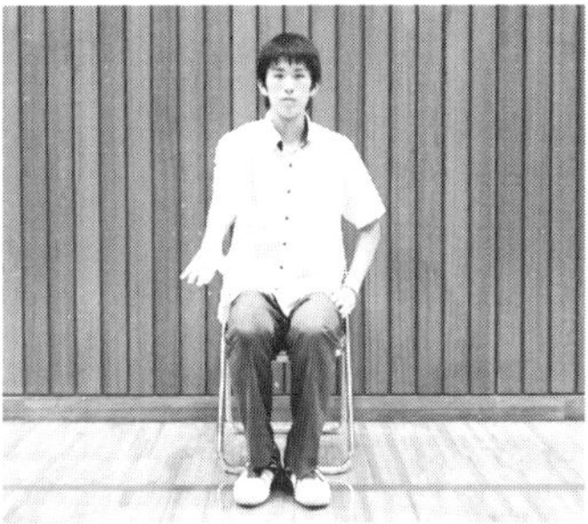

シャトルがコート内に落ちたとき

アンサイト（線審）

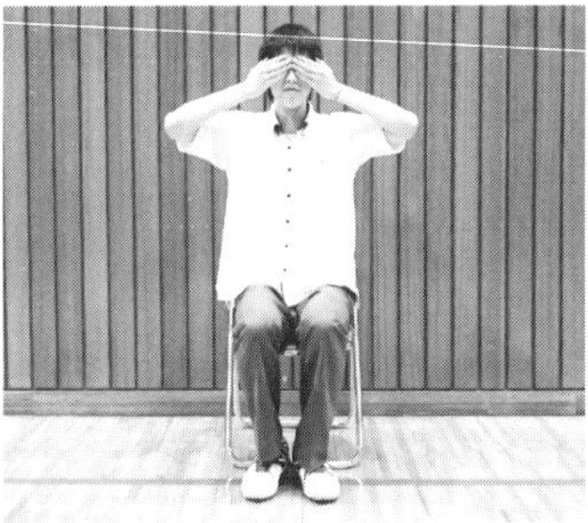

シャトルの落下点が見えなくて判定ができなかったとき

スコアシート
のつけ方

スコアシートの記入方法

ここでは、スコアシートの記入方法を紹介する。

主審は、マッチの結果はもちろん、マッチの経過やマッチ中に起こったことなどを、すべてスコアシートにわかりやすく記録し、マッチ後に競技役員長（レフェリー）に提出することになっている。スコアシートに決まったフォーマットはないが、おおよそここで紹介している見本がベースとなっているので、それぞれの記入例を見ながら、その方法を頭に入れておいてほしい。

マッチ開始前およびマッチ開始時

マッチ開始前

①コートに入場する前に、試合番号、種目（右の記入例は男子ダブルス＝「ＭＤ」のケース）、コート番号、日付、プレーヤーの名前、チーム名、審判員の名前など、予め記入できる箇所は記入しておく

マッチ開始時

②トスの結果に従って、「Ｓ」(サーバー)、「Ｒ」(レシーバー)と、それぞれ記入する

③トスの結果に従って、マッチ開始時に審判台から見たプレーヤーの位置が左か右かを、「Ｌ」（左）、「Ｒ」（右）と、それぞれ記入する

④スコアの「ラブ」を表す数字である「０」を、マッチ開始時の最初のサーバーの欄と、最初のレシーバーの欄の左端の得点空欄に、それぞれ記入する

⑤「プレー」のコールで、マッチを開始した時刻を「開始時刻」欄に記入する

スコアシート記入例１

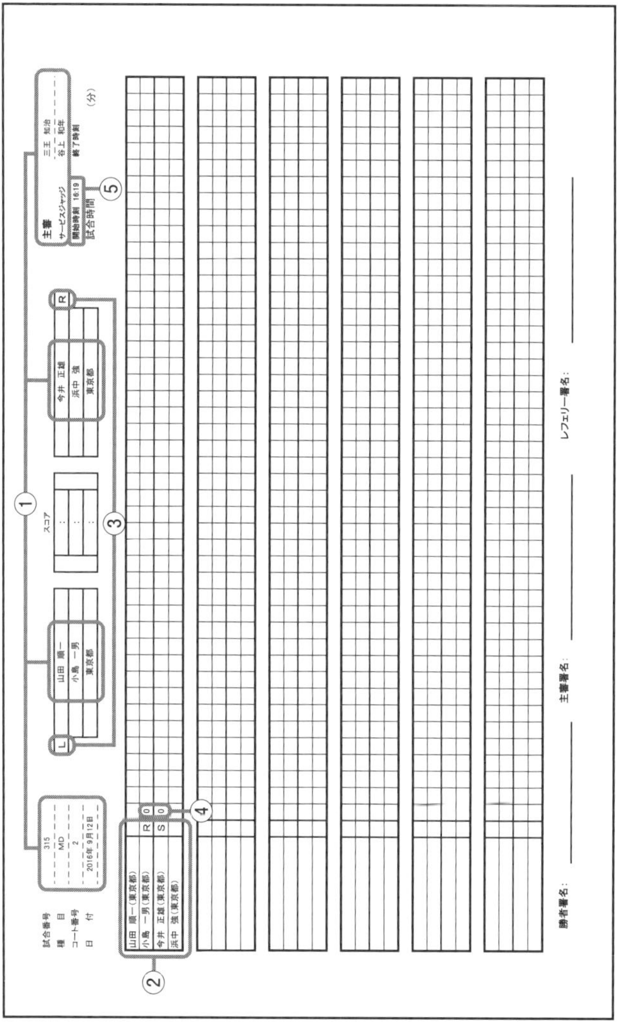
①
試合番号 315
種目 MD
コート番号 2
日付 2016年 9月12日
L
山田 順一
小島 一男
東京都
スコア
今井 正雄
浜中 強
東京都
R
③
主審 三王 知治
サービスジャッジ 谷上 和年
開始時刻 16:19
終了時刻
試合時間 (分)
⑤
山田 順一（東京都）
小島 一男（東京都）
今井 正雄（東京都）
浜中 強（東京都）
R 0
S 0
②
④
勝者署名：
主審署名：
レフェリー署名：

マッチ中

⑥サービングサイドがラリーに勝ったら、現在記入しているプレーヤーの得点欄の右の空欄に、新しいスコアを記入する

⑦レシービングサイドがラリーに勝ったら、サービスオーバーとなり、そのサイドの、今度サーバーになるプレーヤーの得点欄に新しいスコアを記入する。すなわち、サービス権を失ったサイドのスコアが記入してある右は空欄とし、サービス権を得たサイドの、今度サーバーになるプレーヤーの欄に、新しいスコアを記入する（つまり、スコアが動いたり、サービスオーバーになったりした場合は、必ず１つ右の空欄を使って、スコアを記入するということ）

⑧スコアが20点オールになったら、スコアの記入されている右の空欄に斜線を引く

⑨「W」（警告）、「F」（不品行な振舞いによるフォルト）、「D」（失格）、「I」（けが）、「S」（中断）、「キケン」（棄権）の記号を、該当するサイドの該当プレーヤーの現在のスコアの右の空欄に記入する。また、競技役員長（レフェリー）を呼んだときは、現在のスコアの数字または記号（W、Fなど）の上か下に、「R」（レフェリー）の文字を記入する

⑩上記の事態についての詳細を、スコアシートの下の方の空いたスペースに書く（もしスペースが足りないようなら、「裏面を見よ」などの注をつけて、スコアシートの裏に書く）

スコアシート記入例2

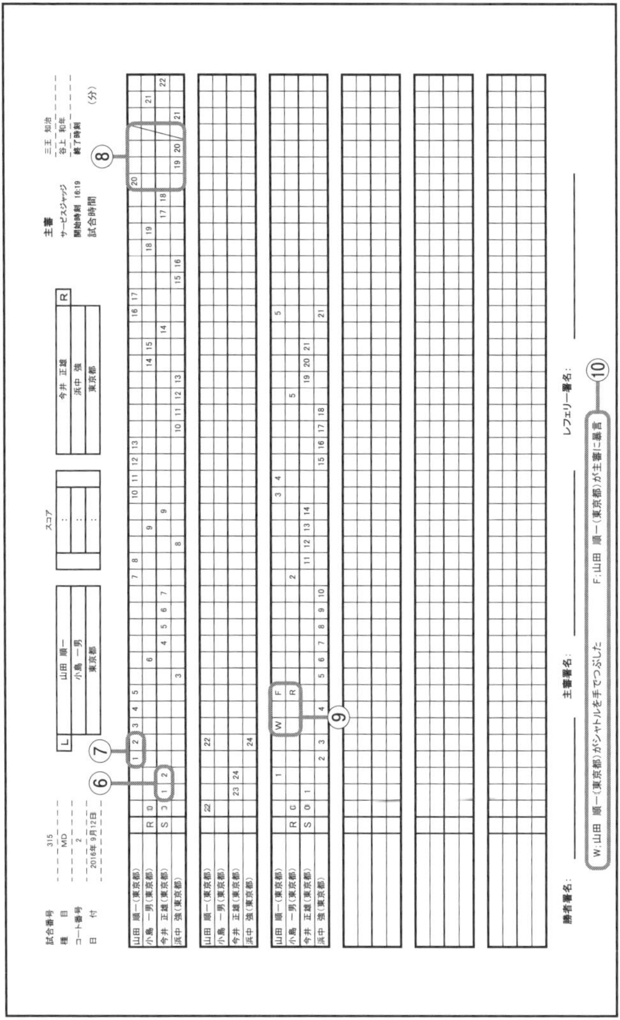
試合番号 315
種　目 MD
コート番号 2
日　付 2016年 9月12日
L 山田 順一 / 小島 一男 / 東京都
スコア : / : / :
今井 正雄 / 浜中 強 / 東京都 R
主審 三王 知治
サービスジャッジ 谷上 和年
開始時刻 16:19 終了時刻
試合時間 (分)
山田 順一(東京都) 1 2 3 4 5 7 8 10 11 12 13 16 17 20
小島 一男(東京都) R 0 6 9 14 15 18 19 21
今井 正雄(東京都) S 0 1 2 4 5 6 7 9 14 17 18 22
浜中 強(東京都) 3 8 10 11 12 13 15 16 19 20 21
山田 順一(東京都) 22 22
小島 一男(東京都)
今井 正雄(東京都) 23 24
浜中 強(東京都) 24
山田 順一(東京都) 1 W F 3 4 5
小島 一男(東京都) R 0 R 2 5
今井 正雄(東京都) S 0 1 11 12 13 14 19 20 21
浜中 強(東京都) 2 3 4 5 6 7 8 9 10 15 16 17 18 21
勝者署名:
主審署名:
レフェリー署名:
W:山田 順一(東京都)がシャトルを手でつぶした
F:山田 順一(東京都)が主審に暴言
⑥
⑦
⑧
⑨
⑩

ゲーム終了時

⑪終了したゲームのスコア（両サイドのスコアの間にスラッシュを入れて）を一行空けて次の欄に記入し、それを丸で囲む

⑫終了したゲームのスコアをスコアシートの上部にある定められた欄に記入する

⑬次のゲーム開始時の最初のサーバーの欄および最初のレシーバーの欄に、P172の④と同様、「0」を記入する

⑭「S」（サーバー）、「R」（レシーバー）を記入する

マッチ終了時

⑮終了したゲームのスコアを記入し、それを丸で囲む

⑯「ゲーム」のコールにより、マッチが終了した時刻を「終了時刻」の欄に記入する

⑰終了したゲームのスコアとゲームカウントを、スコアシートの上部の定められた欄に記入し、勝ったサイドのプレーヤー名を大きく丸で囲む

マッチ終了後

⑱マッチが行われていた時間を「試合時間」の欄に記入する。もし必要なら、使用シャトル数等も記入する

⑲スコアシート下にある主審署名欄にサインをする

⑳マッチの勝者に、署名欄にサインをしてもらう

㉑競技役員長（レフェリー）のスコアチェックを受け、サインをもらい、スコアシートを進行に渡す

スコアシート記入例3

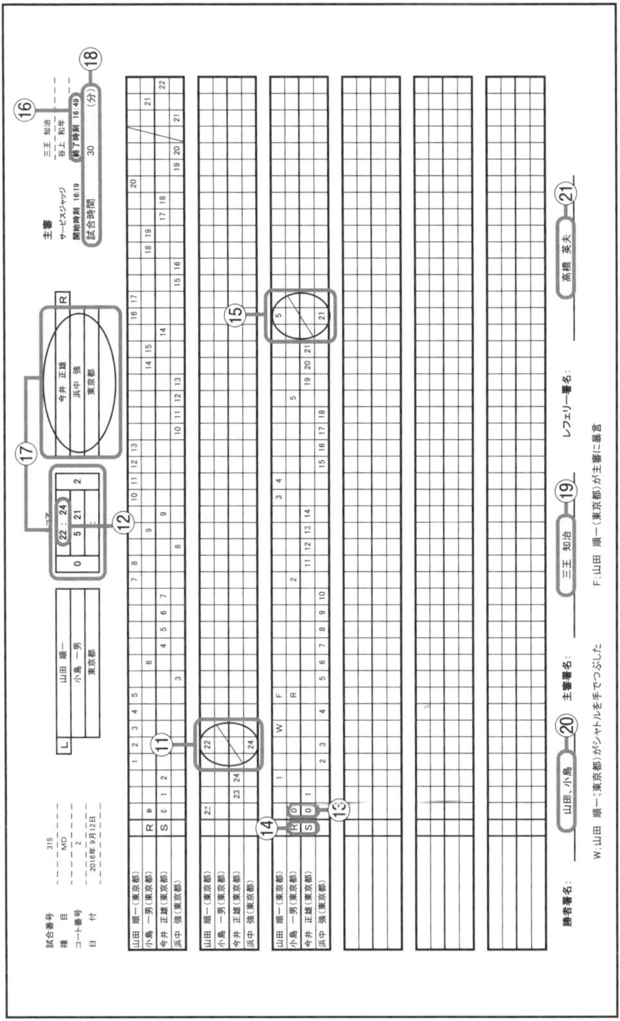

基本知識
競技方法
フォルトとレット
基本テクニック
審判の基本
審判用語と合図
スコアシートの記入方法

その他

◆スコアは、ゲームごとに改行して記入する（続けて書かない）

◆マッチ中に与えた「W」（警告）や「F」（フォルト）などの内容を、簡略にスコアシートの空いた場所に記入し、スコアチェックを受ける際、レフェリーに報告する

◆サービスコートの間違いを訂正したときは、「C」を次のように記入する

①サービスコートの間違いをしたサイドの方に

②サービスコートの間違いが訂正されたスコアの欄に

③サービングサイドが間違いをした場合は、スコアの上か下の空欄に記入する

④レシービングサイドが間違いをした場合は、2列あるうちの第1列目に記入する

◆スコアシートは、主審がマッチの状況を正しく把握するための手助けとなる1つの道具なので、明瞭で判読しやすい文字で、いろいろな情報をできる限りわかりやすく記入する

◆記入方法が不明なときは、マッチ終了後に必ずレフェリーの指示に従って記入する

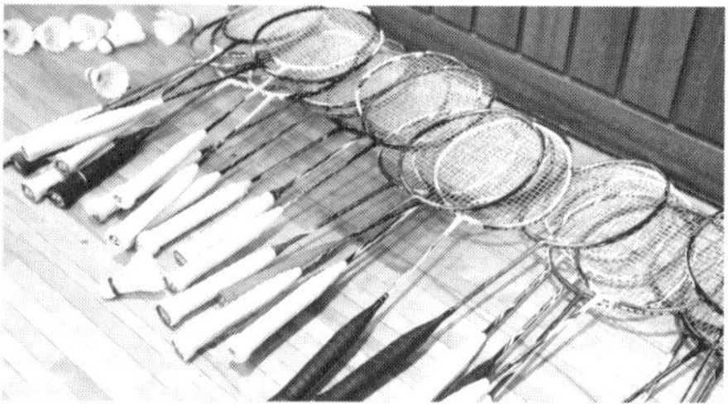

スコアシートに記入するマッチ（試合）中の出来事の印（記入例）

I	けが	W	警告
F	不品行な振舞いによるフォルト	R	レフェリー（競技役員長）をコートに呼んだとき
S	中断	D	レフェリー（競技役員長）による失格
R	棄権		

◆「マッチ（試合）が…のため●分間中断しました」

◆「（プレーヤー名）故意にシャトルに手を加えスピードを変えようとしたので警告」

◆「（プレーヤー名）足首を捻ったため棄権」

◆「ゲームが●分間遅れました」

◆「（プレーヤー名）線審に影響を及ぼし警告を受けました」

◆「（プレーヤー名）がゲームを遅らせ警告を受けました」

◆「（プレーヤー名）が不適切な言葉を使いフォルトを受けました。レフェリー（競技役員長）がコートに呼ばれ、観察を続け、もし必要なら再びフォルトを出すように指示を受けました」

◆「（プレーヤー名）が線審を押したためフォルトを受けました。レフェリー（競技役員長）がコートに呼ばれ、そのプレーヤーを失格とすることに決めました」

◆「（プレーヤー名）が鼻血を出しました。レフェリー（競技役員長）と大会医師がコートに呼ばれました。ゲームが●分間遅れました」

◆「（プレーヤー名）がケガをしました。レフェリー（競技役員長）と大会医師がコートに呼ばれました。大会医師がそのプレーヤーに棄権するように助言しました」

チャレンジシステムの概要

シャトルがラインの内側に触れた（落ちた）か、外側に触れたかを「インスタントレビュー システム（IRS）」というビデオ判定を使って最終判定を下すことがあり、それを「チャレンジシステム」と呼ぶ。

プレーヤーまたはペアのチャレンジ

IRS が使われているコートでは、プレーヤー／ペアは、線審の判定、あるいは主審のオーバールールの判定にチャレンジすることができる。なお、主審のオーバールールとは、主審が線審の判定を覆した場合の最終判定をいう。

チャレンジの流れ

チャレンジは、シャトルが床に着地し、コールがなされたらすぐに行う。その際、「チャレンジ」と明瞭な声でコールし、同時にしっかり腕を上げる。IRS チェックの結果、判定が間違っていると判断された場合、そのチャレンジは成功となり、判定が覆される。なお、IRS 判定が「ノーデシジョン（判定不可能）」のとき、線審の最初の判定が「アンサイテッド」だった場合のみ「レット」とされるが、それ以外の場合は元の線審の判定が有効となる。

「チャレンジ」する権利

プレーヤー／ペアは、マッチの各ゲーム中、チャレンジを２回失敗するまで、何度でもチャレンジを行使できる。また、１ゲーム中に２回失敗した場合でも、次のゲームでは再び２回失敗するまで何度でもチャレンジできる。

主審によるチャレンジ

線審が判定できないときや主審が判定を下せないときには、主審もチャレンジを要求することができる。その際、主審は「アンサイテッド（見えませんでした）」とコールし、同時に合図を行う。なお、この場合は両サイドのプレーヤー／ペアがチャレンジを行使する権利を失うことはない。

チャレンジコールに対する主審の処置

主審のチャレンジの合図

チャレンジの際、主審は左の写真のように、頭上に左手を挙げる

主審のコール

- **プレーヤー／ペアからチャレンジを要求されたとき**

  「○○さん（プレーヤー名）、チャレンジーズ」、
  「コールド　イン（またはコールド　アウト）」

- **チャレンジ成功の場合**

  「コレクション、イン（またはアウト）」、その後、場合によっては「サービス　オーバー」、スコア、「プレー」

- **チャレンジ失敗の場合**

  「チャレンジ　アンサクセスフル」、「ワン（またはノー）チャレンジ　リメイニング」（その後は成功のときと同様）

column

5

審判員を務めることの魅力とオリンピック出場のススメ

バドミントンの審判員、特に主審のジャッジには、試合の流れを左右するような細かな判定がいくつも存在している。それだけに、プレーヤーと一緒になって集中して試合にのめり込むことができ、それが審判を務めることの魅力の1つになっている。また、大きな大会では審判員が1試合につき12人もの大所帯となるため、審判団としての結束も大切で、それによる“チーム”としての楽しさを味わえる点も魅力だ。

これから審判員を本格的に目指そうという人には、そんな審判員の喜びを知ってもらい、いずれは審判員としてオリンピックを目指すという道があることも覚えておいてほしい。審判員としてレベルアップするためには本人の努力で補える部分が多いため、本気になれば誰にでもチャンスがあるといえる。これまで4人の日本人審判員がオリンピックに出場しているが、今後の日本バドミントン界の発展のためにも、優秀な審判員がさらに増えていく必要があるだろう。

撮影・監修協力

遠井 努
Tsutomu Toi

世界バドミントン連盟（BWF）
公認国際審判員

栃木県立宇都宮南高等学校教員

撮影協力

栃木県立宇都宮南高等学校バドミントン部のみなさん

おわりに

スキル向上のためにも、楽しむためにも バドミントンのルールを正しく覚えよう

コロナ禍により、2021年夏に延期開催された東京オリンピックでは、混合ダブルスで渡辺勇大選手と東野有紗選手のペアが銅メダルを獲得し、男子として初めてオリンピックのメダルを手にするなど、近年における日本バドミントン界は、目覚ましい成長を続けています。

前回リオデジャネイロで開催されたオリンピックでも、女子ダブルスにおいて“タカマツ”ペアこと高橋礼華選手と松友美佐紀選手が、日本初となる金メダルを獲得。女子シングルスでは、奥原希望選手も銀メダルを獲得して日本初のシングルスのメダリストとなりました。

また、私が審判員として参加した2012年ロンドン・オリンピックでは、女子ダブルスで藤井瑞希選手と垣岩令佳選手が銀メダルに輝いています。

その背景として、女子を筆頭に日本におけるバドミントンの競技人口が右肩上がりで増えているという点が挙げられます。この傾向は、2004年アテネ・オリンピックで“オグシオ”ペアこと小椋久美子元選手と潮田玲子元選手が世間に注目され、バドミントン人気の火付け役となったことが、そのきっかけになったといえるでしょう。

その観点からしても、おそらく近年のオリンピックでの日本人選手たちの活躍によって、日本におけるバドミントンの競技人口は、次の2024年パリ大会に向けて、今後も増加の一途をたどることが予想されます。

とはいえ、新しくファンになった人も、本格的にバドミ

ントンを始める人も、避けては通れないのがルールを覚えることです。特に実際にプレーする場合は、上手くなるためにも、試合に勝つためにも、ルールを知っておくことが重要になります。たとえば、バドミントンでは試合中に審判に対して質問できるのは、選手に限られています。つまり、ルールを知らなければ、試合中に生まれた疑問さえも解決することはできません。

そのためにも、本書を有効に活用してルールを正しく理解し、バドミントンを楽しんでほしいと思います。

遠井 努

監修協力　遠井努（世界バドミントン連盟公認国際審判員）

写真協力　合同会社スポーツ開発研究所

<STAFF>

編集・執筆　中山淳（有限会社アルマンド）

写真　井出秀人

本文デザイン　上筋英彌・上筋佳代子（アップライン）、釜ヶ澤勝彦

カバーデザイン　坂井栄一（坂井図案室）

パーフェクトレッスンブック

観戦《かんせん》&プレーで役《やく》に立《た》つ!

バドミントンのルール　審判《しんぱん》の基本《きほん》 ［改訂新版《かいていしんぱん》］

監修者　公益財団法人《こうえきざいだんほうじん》　日本《にっぽん》バドミントン協会《きょうかい》

発行者　岩野裕一

発行所　株式会社実業之日本社

〒107-0062

東京都港区南青山6-6-22

emergence 2

電話（編集）03-6809-0452　（販売）03-6809-0495

実業之日本社ホームページ　https://www.j-n.co.jp/

印刷・製本　大日本印刷株式会社

ISBN978-4-408-42110-0（書籍管理）

2407（02）